Die Abschaffung des Krieges

Ein philosophischer Entwurf

von

Manfred Köhler

Tectum Verlag
Marburg 2005

Köhler, Manfred:
Die Abschaffung des Krieges.
Ein philosophischer Entwurf.
/ von Manfred Köhler
- Marburg : Tectum Verlag, 2005
Coverabbildung: PhotoCase.de
ISBN 978-3-8288-8909-5

© Tectum Verlag

Tectum Verlag
Marburg 2005

Vorwort

Wenn Albert Einstein sagt, man könne den Krieg nicht humanisieren, sondern nur abschaffen, so spricht er eine tiefgründige Wahrheit aus. Alle bisherigen Versuche zwar, durch Kriegsrecht, ein ‚ius in bello', wie es Hugo Grotius schon im 17. Jahrhundert forderte, der Kriegsfurie wenigstens Grenzen zu setzen, fanden allgemein Billigung. So sollte Krieg nur gegen Kombattanten geführt werden dürfen. Vielfältige Satzungen des Kriegs- und Völkerrechts sollten den Krieg, da er nun einmal nicht abzuschaffen sei, wenigstens in seinen grausamsten Auswüchsen humanisieren. Im 19. Jahrhundert kam es noch zur Gründung des Roten Kreuzes, um die Verwundeten zu versorgen und zu retten. Aber all diese Humanisierungsbemühungen konnten auch immer wieder von den Kriegführenden straflos unterlaufen werden. So wurden die Kennzeichnungen des Roten Kreuzes von den Kampftruppen oft nicht berücksichtigt und überhaupt das Kriegs- und Völkerrecht bewusst verletzt.

So dehnte sich der Krieg auf Nicht-Kombattanten aus, das Kriegsrecht verlor immer mehr an allgemeiner Geltung, ganze Städte wurden ohne Rücksicht auf ihre Bewohner in Schutt und Asche gebombt, Die Kriegführung wurde immer roher und brutaler.

Schon im 19. Jahrhundert hatte sich zur Humanisierungstendenz eine gewichtige Gegenstimme erhoben, die das Kriegsverständnis im 19. und 20. Jahrhundert erheblich prägte. Der preußische General von Clausewitz entwarf eine „Philosophie des Krieges", in der der Krieg als eine „wunderliche Dreifaltigkeit" definiert wurde. Der Krieg sei zusammengesetzt aus ursprünglicher Gewaltsamkeit, aus Hass und Feindschaft, die wie ein blinder Naturtrieb anzusehen seien, dazu komme noch ein undurchschaubares Spiel des Zufalls und das Spiel um Macht in der Politik.

Krieg sei aber zugleich auch eine „moralische Größe", seien doch moralische Werte wie Gehorsam, Mut, Tapferkeit, Kameradschaft und schließlich auch Todesbereitschaft entscheidend für die Qualität einer Truppe.

Dennoch, die Schrecknisse der Weltkriege haben nicht nur zur generellen Ächtung des Krieges geführt, sondern durch die Satzungen der Vereinten Nationen nach dem Zweiten Weltkrieg wurde ein ausdrückliches Verbot von Gewaltanwendung und gar Androhung von Gewalt festgeschrieben. Das einstige Recht zum Krieg wurde ersetzt durch eine allgemeine Friedenspflicht für sämtliche Mitglieder der Vereinten Nationen. Seit der Entwicklung von Nuklearwaffen wurde der Krieg wesensgemäß als „dysfunktional" bewertet. (Vgl. dazu: O.Kimminich, ‚Krieg', in: Histor. Wörterbuch der Philosophie).

Somit haben die fortlaufenden Humanisierungstendenzen bis zum rechtlichen Kriegsverbot geführt. Die Institution des Rechts hat – so kann man sagen - ihre ‚Hausaufgaben' erledigt.

Und doch ist Krieg noch immer nicht gebändigt. Immer neue Kriege und Gewaltakte treten in aller Welt hervor, nach Recht oder Unrecht wird nicht gefragt, allein der Machtwille entscheidet. So scheint es , dass der Mensch, wo immer er lebt, in Europa, Asien, Afrika, Amerika oder wo sonst, sich von der Kriegsfurie nicht befreien kann, alle geläufigen Humanisierungstendenzen wirken wenig oder gar nicht, gerade als hätte sie, die Kriegsfurie, irgendwo im Hirn oder in der Psyche des Menschen einen festen und untilgbaren Platz, und Krieg sei einfach nicht abzuschaffen. Dabei drohen doch Massenvernichtungen durch Waffen, die gar nicht so schwer zu beschaffen sind, ABC-Waffen genannt. Sie bedrohen das Überleben der Menschheit, weil ein möglicher Einsatz grundsätzlich nicht verhindert werden kann.

Sollte denn ein Überleben gar nicht mehr gewollt sein? Blockiert der Mensch sich selbst? Ist es seine Natur, die ihn zu Tode treibt?

Wenn es die Psyche des Menschen selbst ist, die in diese Richtung weist, so muss sich doch kein Mensch damit abfinden. Die Psyche ist nach C.G.Jung zwar eine gewaltige Macht, die den Menschen bestimmen kann, aber doch keine festgelegte, starre Schicksalsmacht, kein ‚fatum' im Sinne eines unabdingbar geltenden Götterspruchs, wie die Römer einst glaubten, keine unwiderruflich festgesetzte Weltordnung. Wenn wir heute von solchen Mythen frei sind, so geht doch an die Menschheit die unbedingte Aufforderung – da sie doch fraglos überleben will - zu lernen, mit den psychischen Mächten umzugehen, zu steuern und nicht zu resignieren. Und vertrauen wir im Glauben, dann ist nach christlicher Auffassung ein Zuspruch und eine Teilhabe an der Macht Gottes angesagt, die Leben will und nicht Tod. Und die Religionen erklärten im Parlament der Weltreligionen 1993, dass sie sich auf eine Kultur der Gewaltlosigkeit und der Ehrfurcht vor allem Leben verpflichten - denn niemand solle sich täuschen : Es gibt kein Überleben der Menschheit ohne Weltfrieden! So gebieten uns Freiheit und Verantwortung – bei allerhöchstem Zuspruch - den Krieg abzuschaffen!

Die folgenden Kapitel entwickeln kriegsgeschichtliche Aspekte, die wie ein Kreis von Kreisen sich konzentrisch um einen gedanklichen Mittelpunkt drehen, der den Krieg nicht nur ächtet, sondern als dysfunktional und als psychische Epidemie erweist. Der Krieg, als Institution seit Jahrtausenden ständiger Begleiter der Geschichte, wird als ‚auslaufendes Modell' gekennzeichnet, das seinem geschichtlichen Ende entgegengeht.

Manfred Köhler   Annerod, 20. Oktober 2005

I. Das kriegerischste Volk der Weltgeschichte

*Si vis pacem,
para bellum.*

Die Römer, die bis heute als das kriegerischste Volk der Weltgeschichte gelten, waren nicht eigentlich kriegslustig. Kriege waren für sie harte Arbeit und schwere Mühsal. Aber kein Zweifel rüttelte an ihrer Bereitschaft, diese Mühsal zu ertragen. Und immer waren die Götter mit im Spiel. Sie befahlen Kriege und halfen ihnen, sie zu führen und gaben ihnen die Siegeszuversicht. Krieg war aber nie Selbstzweck. Ziel aller Kämpfe war einzig der Frieden, - pax. Das Verhältnis von Krieg und Frieden gab ein geflügeltes Wort zu verstehen: Si vis pacem, para bellum, - wenn du Frieden willst, rüste zum Krieg.

Danach galt als nachhaltige Friedenssicherung die Rüstung zum Krieg, will sagen, ein gut gerüsteter Staat ist gegen feindliche Angriffe gefeit und kann so den Frieden wahren.

Wäre dieses Rezept dauerhaft erfolgreich gewesen, hätten sich die Völker die meisten Kriege ersparen können. In Wahrheit aber wechselten immer Friedenszeiten mit Kriegszeiten ab, Rüstung half nicht, im Gegenteil, Rüstung verschärfte die Kriegsgefahr.

Der römische Geschichtsschreiber Titus Livius hat in einem monumentalen Werk ‚ab urbe condita' die kriegerische Geschichte Roms der Nachwelt überliefert, das er um 25 v.Chr. publizierte, ganz aus seiner Sicht und der Überzeugung seiner Zeit. Er spricht in seiner Darstellung des Kampfes zwischen Rom und der etruskischen Stadt Veji von einer neuartigen Kampfesweise, der ‚militia perennis', einem ganzjährigen Kriegsdienst. Ohne Unterbrechung wurde jetzt gekämpft. Die Entwicklung zu einem stehenden Heer zeichnete sich ab. Die Krieger erhielten, da sie im Krieg ihre Felder nicht mehr bestellen konnten, einen regelmäßigen Sold. Jetzt wurde gelernt, wie Krieg zu organisieren sei: diszipliniert, arbeitsteilig, rationell. (vgl. dazu Hubert Cancik, militia perennis; München 1995; 201) Jetzt war das Ziel nicht irgendein Sieg, sondern die Vernichtung einer Stadt, - ihr excidium. Das war eine neue Strategie, und mit dem Krieg gegen Veji wurde die künftige Kriegsführung Roms festgelegt: die militia perennis wurde zur Regel, Soldat wurde jetzt möglich als Beruf. Im Krieg findet man jetzt gar ein Heilmittel gegen Unruhen in Innern. Krieg schafft Eintracht im Innern und lenkt von möglichen Aufständen ab. Zu den vielfältigen Vorteilen, die der Krieg schafft, gehört jetzt auch der Erwerb von gloria, - Ansehen bei der Truppe und in der Stadt. Und nicht schwer war es für den jungen Römer, Ruhm ‚ex bellicis rebus', - durch Kriegsdienst - zu erwerben, denn fast immer wurden Kriege geführt – sagt Cicero: semper enim fere bella gerebantur. (de off.II,45).

Dennoch, - dieses über Jahrhunderte währende fortgesetzte und erfolgreiche Kriegführen, das Rom schließlich Weltmacht werden ließ, ist ungewöhnlich und erstaunlich und verlangt nach einer Erklärung. Die zähe Energie, mit der das Gewonnene behauptet wurde, die Härte im Kampf, der unerbittliche Siegeswillen, all das ist einmalig und lässt einen in der römischen Psyche angelegten Machtwillen vermuten, der die schweren Entbehrungen und die Opfer irgendwie erträglich erscheinen ließ. Und es war sicher auch der Stolz auf die Einmaligkeit der res publica; denn in ihr verwirklichte sich ein hohes Gut – ein bestimmtes, an Gesetze gebundenes Maß an Freiheit. Eine selbstlose Hingabe an die res publica war eine Verpflichtung, die der freie Römer ohne Zögern annahm. (vgl. Richard Heinze, Ursachen der Größe Roms,2.Aufl.1960;14ff).

Für Livius ist das römische Volk ‚das erste Volk in der Welt' und an Kriegsruhm den anderen Völkern überlegen. Und niemals habe es einen Staat gegeben, der größer und gottgewollter und reicher an guten Beispielen gewesen sei. (nulla umquam res publica nec maior nec sanctior nec bonis exemplis ditior fuit. - Liv.,a.u.c.,lib.I, praefatio). - Hier klingt ein religiöses Motiv an: Es ist der Wille der Götter, und es ist das fatum, die Schicksalsbestimmung, die von Anfang an Roms Größe vorgesehen habe. Daraus schließt Livius, dass Rom in seiner mehr als 700 jährigen Geschichte nichts zu bereuen habe, denn es habe nichts falsch gemacht. Alle Entscheidungen des Senats, die Taten der Konsuln, die Kriege und die Opfer, die sie gekostet haben, alle Siege oder Niederlagen, die Konflikte im Innern – alles war recht und richtig, denn es war vorgesehen, in der pax Augusta, dem großen Friedensreich unter Augustus, seine Rechtfertigung und Versöhnung zu finden.

Der bedeutende Philologe Friedrich Klingner bemerkt in seinem grundlegenden Livius-Aufsatz von 1943 , dass die Römer der alten Zeit, die diesen harten, beharrenden Willen betätigt und Rom als Staat groß gemacht haben, Menschen gewesen sein müssen, „mit denen nicht gut Kirschen essen war". Man könne darum zweifeln, ob wir es mit ihnen aushalten würden. (Klingner, Livius,449).

Aber das große Friedensreich, die pax Augusta, galt in augusteischer Zeit als das von den fata vorgesehene Ziel, das nachträglich alle schlimmen und auch grausamen Kriege und Morde rechtfertigt. Mag das hohe Ziel vorher verborgen gewesen sein, umso beglückender ist nun die Enthüllung der Schicksalsfügung, der Livius mit religiös gestimmter Ehrfurcht begegnet, und darum schreibt er sein grandioses Werk. (Klingner). Die gesamte römische Geschichte mit ihren oft grausamen Kriegen findet nun in der pax Augusta Sinn und Rechtfertigung.

Ähnliche Motive finden sich bei Vergil, dem größten römischen Dichter, der die Leiden der Kriege der aus ihrer Heimat vertriebenen Trojaner unter ihrem Führer Aeneas beschreibt, so ergreifend, als wäre Vergil selbst mit dabei gewesen, - bis endlich Rom gegründet werden konnte und das fatum, die verheißene Vorsehung, die besagte, dass im fernen Westen ein neues Troja gegründet werden sollte, sich erfüllte.

multa quoque et bello passus, dum conderet urbem. – (Vergil, Aeneis I,5): ‚(Aeneas,) der viel im Kriege erlitt, bis er die Stadt gründen konnte'.

Die harmonisierende Betrachtung der römischen Geschichte in augusteischer Zeit war ein erleichternder Trost für die entsetzlichen Kriegszeiten mit ihren bestialischen Morden am Ende der Republik. Aber diese nachträglichen Harmonisierungen geben keine hinreichende Erklärung ab für das Jahrhunderte währende Kriegsgebaren überhaupt. Man kann bei den Römern einen tief verwurzelten Machtwillen voraussetzen, dessen Ursprung wieder schwer zu erklären ist, - aber unsere Generalfrage - woher das Kriegführen überhaupt – bleibt unbeantwortet. So wurde dieses geheimnisumwitterte Phänomen in der Antike auf den Willen der Götter bezogen, dem der Mensch bedingungslos unterworfen ist. Man musste sich damit abfinden, dass die Götter in ihrem Zorn die Menschen zu Kriegen aufreizen, weil die Menschen vielleicht ein göttliches numen schuldhaft verletzt hatten. Umso dankbarer konnte man sein, wenn die Götter Frieden gewährten. Der Dichter ruft gar die

Muse an, sie solle ihm doch die Gründe nennen, die das göttliche numen verletzt hätten:

> Musa, mihi causas memora, quo numine laeso
> Quidve dolens regina deum tot volvere casus
> Insignem pietate virum, tot adire labores
> Impulerit. Tantaene animis coelestibus irae?
> (Vergil, Aeneis I, 8-11).

Muse, sag mir die Gründe, durch die die Gottheit verletzt oder wodurch die Herrin der Götter gekränkt wurde, sodass sie den tief frommen Mann soviel Schläge zu dulden, soviel Mühsal zu tragen zwang. Ist denn der Zorn der Götter so groß?

Die Götter also schicken den Menschen Krieg und Not und Tod, wenn sie die Weisungen der Götter nicht beachten, aber sie führen sie auch durch alle Not hindurch zu großen Siegen und Triumphen. -

Wir heute sind natürlich aus diesen Mythen längst herausgesprungen. Solche Erklärungen können uns nicht genügen, wir suchen nach rationalen Gründen, wenn wir nach den Ursachen von Kriegen fragen. Erklärungen solcher Art genügen auch dann nicht, wenn wir die Pluralität der Götter ersetzen durch den einen, allmächtigen Gott. Der Mensch selbst ist es, nach dem wir fragen, wie er dazu kam, Waffen zu schmieden, zu kämpfen, zu töten, sich überhaupt Kriegen auszusetzen. Es ist uns hinlänglich bekannt, und wir wissen es zu würdigen, dass der einstmals in Rom so innig herbeigesehnte Frieden, die pax Augusta, fast drei Jahrhunderte währte, dass danach aber wieder heftige Kriege hervorbrachen und das einstige große Friedensreich sein Antlitz grundlegend veränderte. Das Christentum wurde in den Staat aufgenommen, der Kaiser wurde Christ, aber von der pax Augusta war keine Rede mehr. Vielleicht fand Augustin später für diese Situation die passenden Worte:

„Alle Christen leiden. Wenn die Menschen nicht wüten, so wütet der Teufel, und wenn die Kaiser Christen geworden sind, - ist etwa der Teufel Christ geworden?" (enarr. In Psalm 93).

Krieg lässt den Menschen nicht los. Und auch Augustin ist der Auffassung, dass Kriege letztlich unausweichlich sind, weil nicht nur die

Menschen wüten aus Verblendung, sondern weil höhere metaphysische Mächte des Unheils ihre Hände mit im Spiele haben, gegen die der Mensch ohnehin machtlos ist. Man ist geneigt zu fragen - und so fragen wir uns noch heute, ob denn der Mensch von seinem Wesen her zum Krieg verdammt ist und einen wirklichen Frieden nie erreichen kann.

Liegt das etwa, wie schon in der Antike die Christen glaubten, an der abgründigen menschlichen Sündhaftigkeit? Wenn nun aber der Mensch nach christlicher Auffassung zur Sünde geneigt ist, muss er deshalb denn zwanghaft immer wieder Kriege beginnen? Gibt es nicht auch eine tiefe Abscheu und großes Entsetzen vor dem Krieg überhaupt und echte Sehnsucht nach Frieden, ganz besonders aber nach schweren Kriegen, wo der Ruf ‚nie wieder Krieg' die Geister erfüllt?

Wenn aber dann bald darauf jenes Entsetzen wieder vergessen oder verdrängt wird von Rache- und Hassgefühlen, neuem Geltungswillen, bis der Übermut so weit gestiegen ist, dass alle Bedenken verworfen werden und neuer Siegeswillen aufkeimt, getrieben von überschäumendem Kraftgefühl und in neuen, todbringenderen Waffen ein neues Selbstwertgefühl entdeckt wird, dass man sich mit Jubel in den nächsten Waffengang stürzt, hat dann nicht Augustin doch etwas Richtiges gemeint?

II. Warum überhaupt führen die Menschen Krieg?

> Der Krieg ist der Vater
> aller Dinge.
> (Heraklit von Ephesus.)
> (um 500 v. Chr.)

Die Frage ist noch immer offen: Warum führen die Menschen Krieg, töten, rauben, morden, plündern und zerstören Städte, Fabriken, Verkehrswege, verfallen in Wut und Hass und üben grausam Rache für erlittenes oder vermeintlich erlittenes Unrecht, - und dies nun schon über Jahrtausende hinweg mit immer neuen, immer besseren, grausameren Waffen – warum?

Eine kurze und schnelle Antwort könnte heißen: Weil sie unfähig und auch unwillig sind, ihre Gegensätze, die sie trennen, zu vermitteln und Versöhnung zu suchen, und vielleicht auch gar nicht wissen, was Versöhnung meint, - nämlich keine Gefühlsschwelgerei, keine bloße Laune, sondern eine rational streng durchdachte Situationsanalyse, frei von Emotionen, unter Leitung der Idee Gerechtigkeit. Ein starkes Selbstgefühl aber, das beispielsweise einen Staat erfüllt und ihn mit Tugenden wie Mut, Tapferkeit, Siegeszuversicht und Todesverachtung speist, verachtet jeden vernünftelnden Kleinmut und setzt dafür auf ein siegesgewisses Hochgefühl. Ist eine Staatsführung sich dieser Gesinnung im Volk gewiss, wagt sie unter günstigen Umständen vielleicht den Schritt ins Ungewisse und setzt auf die Karte der eigenen Stärke. - So oder so ähnlich könnte der Schritt zum Krieg erfolgen.

Macht zu erringen und zu erhalten erfordert Klugheit, List und eine gewisse Bedenkenlosigkeit, sich an Gesetze und Verträge zu halten oder nicht. Das ist abhängig allein von dem unmittelbaren eigenen Nutzen, den Gesetze und Verträge bringen, andernfalls soll man frisch fröhlich Verträge brechen, wenn möglich unter plausiblen Vorwänden, so die allgemeine Ansicht. An dieser Grundhaltung konnten wenig oder nichts ändern Kultur, Kunst und Wissenschaft, Religion und Moral, Justiz und Jurisprudenz. Der technische Fortschritt feierte Triumphe und mit ihm die Technik der Waffensysteme. Die Waffen wurden immer vollkommener, immer wirkungsvoller, todbringender, die Heere immer größer, 10 Millionen Tote forderte der Erste Weltkrieg, mehr als 1000 Städte und Ortschaften wurden im Bombenkrieg des Zweiten Weltkrieges in Deutschland bei 750000 Toten vernichtet, und das Völkerrecht versank zur Farce. Die Zahl der Opfer stieg ins Unermessliche. Nach dem Ende dieses Kriegswahns hatte niemand eigentlich etwas gewonnen, auch die Siegermächte nicht, wenn man vom Triumph des Sieges einmal absieht. Wohl hatten sie Macht gewonnen, sie konnten das besiegte Land in Zonen aufteilen und es wirtschaftlich ausbeuten, wovon besonders die Sowjetunion Gerbrauch machte. Aber zu welchem Preis! Die SU hatte 20 Millionen Menschen verloren, ihre Städte waren verbrannt, die Wirtschaft lag am Boden. Amerika hatte Milliarden Kriegskosten aufbringen müssen und Millionen Kredite für den Wiederaufbau der wirtschaftlich total ruinierten europäischen Wirtschaft - und vor allem 259000 Tote zu beklagen. Wo ist da noch ein Gewinn? Der gesamte Zweite Weltkrieg hatte 55 000 000 Tote gefordert. Selbstverständlich bestrafte man die Schuldigen. Die Frage nach den Ursachen dieses Vernichtungswahns wurde stets mit dem Schuldspruch der Besiegten beantwortet. Sicher nicht zu Unrecht. Aber wem konnte das eigentlich noch nützen? Die Toten blieben tot. Zeitweilig suchte man im Pazifismus das Heil der Welt, der ein für alle Mal mit der Kriegsspielerei Schluss machen wollte, Krieg als solcher wurde wiederholt zum Verbrechen gestempelt, das in Zukunft sich nie wiederholen dürfe. Aber was haben solche Notschreie schon gebracht? Das Kriegführen setzte sich fort, und in den Jahrzehnten nach 1945 gab es weltweit erneut ebenso viele Opfer zu beklagen wie im Zweiten Weltkrieg. Schließlich fragte man sich mit Betroffenheit, wann, wo und warum das kollektive Morden seinen Anfang genommen hatte – irgendwann einmal in menschlicher Urzeit vielleicht. Die Geschichte ist voll dieses lizenzierten Mordens, und niemand hat es je vermocht, diesem Treiben ein Ende zu bereiten, vielleicht noch nicht einmal gewollt, weder in der Antike oder im Mittelalter, noch in der Neuzeit. Nur heute, seit dem Ende des Zweiten Weltkrieges, ist man diesbezüglich sensibler geworden, denn eine mögliche kriegerische Verwicklung könnte angesichts der modernen Massenvernichtungswaffen die ganze Menschheit in Mitleidenschaft ziehen und gar sie ganz auslöschen. Man ist sich dieses möglichen Wahnsinns bewusst, aber nicht sicher, ob Vernunft ihn auf Dauer bändigen kann. Was spielt sich eigentlich im menschlichen Hirn, in der menschlichen Psyche ab, wenn Krieg immer wieder als Lösung unausweichlicher Konflikte herbeigerufen wird und die Gefahr eines möglichen menschheitlichen Selbstmordes kaum noch bedacht wird? Warum kann Vernunft sich dem Wahn nicht eindeutig widersetzen? Ist der Wahn ein unausrottbarer Teil des menschlichen Wesens? Schlummert im Menschen vielleicht gar ein geheimer Tötungswille, ist die Bereitschaft zu sterben, das heroisierte Tod-Geben und Tod-Nehmen, ein geheimes Lebenselixier? - Nun, so könnte gesagt werden, dieses Lebensrisiko gehört zum Wesen der menschlichen Freiheit. Aber eine fortschreitende Entwicklung der menschlichen Kultur, die unaufhaltsam zur Selbstvernichtung führt, ist eben nicht Freiheit, sondern ein zwanghaftes Dahintreiben, bar jeglicher Vernunft.

Was den Ursprung des Krieges betrifft, so wissen wir bis heute nicht, wann der Homo sapiens damit begonnen hat, gegen seinesgleichen zu wüten, und wir wissen nicht, warum er dies tat. Die Vorfahren und Verwandten aus dem Tierreich konnten es ihm nicht vorgemacht haben. Er musste schon selbst darauf gekommen sein. (Dollinger, Schwarzbuch). Denn die Verhaltensforschung hat ergeben, dass bei Tieren Kämpfe zwischen Artgenossen in der Regel nicht tödlich sind. Vielmehr setzt, wenn der Gegner besiegt ist, eine Tötungshemmung ein, die offenbar dem Schutz der eigenen Art dienen soll. Nur der Mensch ist hier ein Sonderfall. Er kann die Hemmungen außer Kraft setzen dank kultureller Mechanismen wie etwa territorialer Abgrenzungen und psychologischer Infiltration. (vgl. H. von Stietencron, Töten im Krieg. 20). Der Krieg ist somit eine Folge kultureller Entwicklungen, und die Geschichte des Krieges ist immer auch als eine Geschichte der menschlichen Kultur zu verstehen. Von den Kämpfen der Steinzeit bis zur drohenden Apokalypse durch Massenvernichtungswaffen unserer Tage spannt sich der Bogen der Kultur, und immer trägt die menschliche Aggression andere Züge, - ob in der Schlachtordnung der griechischen Phalanx oder im „heiligen Krieg" des Islams oder in den Materialschlachten des Ersten Weltkrieges. (Keegan).

Wenn nun Krieg kulturbedingt ist, so ist doch Kultur nicht kriegsbedingt. Sie ist wesentlich eine menschliche Lebensäußerung, spontan, unabhängig, man kann sie – wie Nietzsche sagt - nicht wollen, sie ist nicht Willenssache. Sie ist unabdingbares menschliches Lebenselement. Der Krieg nährt sich zwar von den Errungenschaften der Kultur, er ist ein Bestandteil von ihr. Eine veraltete Waffentechnik etwa, mangelhafte

Kriegskunst und schlechte Planung können im Krieg kaum erfolgreich sein, führen in die Niederlage und können das Ziel des Krieges, den Frieden, nicht erreichen. Eine Niederlage aber mit demütigenden Friedensbedingungen gebiert meist neuen Krieg.

Kultur ist aber auch die Institution, die ihren ‚Spross' Krieg einschränken und begrenzen kann, wie es das allgemeine Völkerrecht tut und die Organisation der Vereinten Nationen, die in der Präambel ihrer Satzungen das Ziel ansagen: um „künftige Geschlechter vor der Geißel des Krieges zu bewahren". Hier bricht eine Hoffnung hervor, dass eines Tages der Krieg als Institution ganz abgeschafft werden kann, - dann nämlich, wenn die Kultur des Zusammenlebens der Völker einen höheren Reifegrad gewonnen haben wird; dann nämlich, wenn die Menschen den Hass zwischen Völkern überwinden können, den Egozentrismus subjektiver Machtansprüche bändigen, Gegensätze vermitteln und Versöhnung schaffen können Aber solange die Feindbilder auch nach dem Ende eines Krieges noch in den Köpfen festgehalten werden, - und das geschieht etwa durch zyklisch abgehaltene Siegesfeiern, - können die Feindbilder im Bedarfsfall leicht wieder aktiviert werden. (vgl. dazu Stietencron, Töten im Krieg, 21).

Eine besondere Form des Krieges ist der Religionskrieg. Er hat den Vorteil, „den Gegner problemlos dämonisieren zu können. Er wird als Gehilfe Satans", als Gottesfeind, als ungläubig eingestuft, sodass es als religiöses Verdienst gilt, ihn zu vernichten. Dies erleichtert die Rekrutierung von Kämpfern und kann zu Massakern an Wehrlosen führen. Gleichzeitig „mischt sich die religiöse Motivation mit einem vom Machttrieb geschürten Eroberungswillen mit Hass gegen den ‚Gottesfeind' und Gier nach seinen Schätzen". (Stietencron,32)

Der Kampf innerhalb der eigenen Religion gegen Abweichler ist dabei nicht minder heftig. Bisweilen scheint das Untergraben der eigenen religiösen Ordnung durch ‚falsche Lehren' viel gefährlicher als die Bedrohung durch die Fremdreligion. Man denke an die Ketzerverfolgungen, die Hugenottenkriege oder die blutigen Kämpfe zwischen Sunniten und Schiiten im Islam. (33). Dabei widerspricht dieses wütende Morden ganz und gar vernünftigem Denken und Handeln, denn Vernunft gebietet ganz andere Verhaltensweisen, die aus Ideen sich ableiten: Recht, Ethik, Freiheit, Frieden und Versöhnung. Und Vernunft erhebt sittliche

Forderungen, die - wie es etwa bei Kant heißt, - jedes vernünftige Wesen bejaht. Warum gilt diese Maxime nicht für das Verhalten der Völker untereinander?

Die Menschen in größeren Gemeinschaften wie Volk, Staat, Kultur und Zivilisation haben noch nicht den rechten Weg zur Vernunft der Weltgemeinschaft gefunden, vielmehr ist hier noch ein ausgeprägter Egozentrismus lebendig. Ein integrierendes, weltumspannendes Denken, das Völker und Zivilisationen umgreift, ist noch im Werden, noch unfertig. Und in der Tat hat man kurz nach dem Ende des Kalten Krieges von einem möglichen neuen Krieg gesprochen, dem „Kampf der Zivilisationen" – oder genauer, wie der Autor des Buches Samuel Hunting es nannte: „The Clash of Civilisations". Was das in Wahrheit heißen soll, ist nicht ganz eindeutig. Ist damit eine neu aufkeimende Feindschaft der Kulturen und Religionen gemeint, eine Absage an friedliche wirtschaftliche und kulturelle Globalisierungsbestrebungen? Oder wird damit ein überregionaler militärischer Konflikt zwischen Zivilisationen prognostiziert, etwa zwischen westlicher Welt und islamischem Gottesstaat? Oder ist er, wie Tibi will, primär eine geistige Auseinandersetzung zwischen Weltanschauungen? (B.Tibi, Welturordnung; 78) Das wäre wohl die vernünftigste Art der Begegnung. Wäre sie dies, wäre sie kein gewaltsamer Zusammenprall. Kann man darauf hoffen? Der islamistische Terrorismus – der freilich nicht den wahren Islam repräsentiert - zeigt uns heute aber eine andere Wirklichkeit. Dieser Terrorismus ist zwar kein Krieg im traditionellen und völkerrechtlichen Sinne, eher eine neue Art von Krieg, heimtückisch, brutal, mörderisch und selbstmörderisch, unter Vernachlässigung jeglicher ziviler und völkerrechtlicher Normen. Er ist eine weltweite Gefahr und eine internationale Herausforderung.

In Vergangenheit und Gegenwart sind immer wieder barbarische Kriege aus zivilisierten Gesellschaften hervorgegangen, um Siege über einen Feind zu erringen, Territorien zu erobern, Macht zu gewinnen. Wohl ist der Besitz von Macht ein hohes irdisches Gut. Aber was für einen Sinn hat Macht eigentlich? Wenn sie nicht gebunden ist an geistige Werte, dient sie nur ihrem Erhalt und ihrer Steigerung. Und eben dies bedeutet immer wieder töten, zerstören, vernichten. - Bedarf vielleicht, so könnte man fragen, Kultur und Zivilisation immer wieder der Zerstörung und Vernichtung, um sich immer wieder zu verjüngen? Sind regelmäßige Rückfälle in die Barbarei gemäß einem geheimen Naturgesetz immer wieder nötig, um stets neu wie ein Phönix aus der Asche verjüngt aufsteigen zu können? Mussten denn die germanischen Völker das römische Weltreich zerstören, um auf dessen Trümmern ein neues Imperium Christianum entstehen zu lassen? Das war zwar der tatsächliche Lauf der Geschichte. Und Karl der Große als Kaiser fühlte sich erhabener als Kaiser Augustus, weil sein Kaisertum von dem einen und wahren Gott gegeben war, der die heidnische römische Götterwelt besiegt hatte. Aber wo ist hier die zwingende Notwendigkeit in der geschichtlichen Abfolge der Dinge?

Nach dem oben zitierten Spruch des bedeutsamen griechischen Philosophen Heraklit von Ephesus vom Krieg als dem Vater aller Dinge scheint Krieg das Wichtigste im Leben des Menschen zu sein, denn Krieg ist der Kampf der Gegensätze, wo auch immer, in der Natur, in der Politik, in der ganzen Welt, die ein einziges Kampffeld ist. Nach Heraklit ist der Kampf das Gesetz des Lebens, im Kampf entscheidet sich, was Recht und Unrecht ist. Und aus dem Kampf Entgegengesetzter bildet sich schließlich die schönste Harmonie. Aber ohne fortwährenden Streit, der eben auch Krieg bedeuten kann, wäre nur Stillstand. Gäbe es ihn nicht, wäre die Welt ein grauenhafter Ort des Todes.

An dieser Stelle mit diesem Wort prallt der Unterschied zwischen archaischem Denken und dem postmodernen unserer Zeit aufeinander: Die Welt wäre ein grauenhafter Ort des Todes, - nicht, wenn es keinen Krieg gibt, sondern im Gegenteil, wenn es Kriege gibt. Mit modernen Massenvernichtungswaffen wird die Welt ein grauenhafter Ort des Todes. Für Heraklit war das griechische Wort *polemos* = Krieg symbolisch gemeint.

Doch Heraklits Denken ist damit noch nicht voll ausgeschöpft. Der italienische Schriftsteller Luciano De Crescenzo bringt es auf den Punkt: „Wenn Heraklit heute lebte, würde er den Politikern dringend raten, niemals das politische Gewicht ihres Gegners zu schwächen, denn das Ende der einen Partei würde gleichzeitig auch das Verschwinden der anderen bedeuten". (88).

Ohne Kämpfe kann es daher - gemäß Heraklit – in der Politik nicht abgehen, in der Innenpolitik ebenso wenig wie in der Außenpolitik. Krieg ist daher einmal im übertragenen Sinne des Wortes das Prinzip der

Welt, ein andermal aber auch direkt „ein Mittel zur heroischen Auslese der einzelnen Völker", wie Wilhelm Nestle sagt im Hinblick auf ein Heraklit-Fragment: ‚....weil er (der Krieg) die einen zu Sklaven, die anderen zu Freien macht'. (Fr.53; in: W.Nestle, Griech. Geistesgeschichte 1944; 76).

Für unsere Ohren heute klingen diese Worte Heraklits recht martialisch. Aber man höre genauer hin: Heraklit gilt als „der erste Philosoph des Abendlandes, in dessen Gedankenbau der Mensch als geistiges Wesen einen bestimmten Platz erhält und zu seinem Weltprinzip, dem Logos, in innere Beziehung gesetzt wird. Es ist daher ‚der Mensch und der Logos' ein kardinales Thema seiner Philosophie, die eine unabsehbare Nachwirkung auf die folgenden Jahrhunderte, ja Jahrtausende haben sollte. (vgl. Wilhelm Capelle, Die Vorsokratiker,127f).

Vieles von diesem ‚Kampf der Gegensätze' findet sich in Hegels dialektischer Logik wieder, ohne freilich die Bezeichnung ‚Krieg' zu führen; denn Krieg ist für Hegel nur im Sinne von bewaffnetem Kampf der Staaten gebräuchlich, und Krieg war nur den souveränen Staaten erlaubt, um Interessen durchzusetzen.

Inzwischen haben sich die Vorstellungen von Krieg und Frieden total verändert und von seinen klassischen und archaischen Formen so weit entfernt, dass sie eine ganz neue Qualität erworben haben. Krieg ist eben nicht mehr ein Kampf der Schwerter, Speere, Pfeile, und nicht mehr ein Kampf der Streitwagen und Reitervölker, und auch nicht mehr ein Kräftemessen wie im Zeitalter des Schießpulvers mit Flinten und Kanonen. Die Vernichtungs- und Feuerkraft haben Ausmaße erreicht, dass selbst konventionelle Waffen wie Granaten, Bomben und Raketen im Grunde überholt sind, die Hiroschima-Bombe einkalkuliert. Im Atomzeitalter bedrohen Massenvernichtungswaffen die gesamte Menschheit.

Die Menschheit: Man bedenke ihre Jahrmillionen währende Entwicklung von den Hominiden zum Homo sapiens. Dieser muss es offenbar gewesen sein, der die Waffen erfand, die er gegen seinesgleichen erhob. Soweit wir die Geschichte zurückverfolgen können, zeigt sich überall das gleiche Bild: Die Menschheit kannte zu allen Zeiten, bei allen Völkern, in allen Regionen der Welt den bewaffneten Konflikt. Dieser diente wohl hauptsächlich der Selbsterhaltung und Selbstverteidigung und war offenbar so selbstverständlich wie das Häuserbauen, wie Ackerbau und Viehzucht. Kampf und Krieg waren allgegenwärtig, ohne Unterschied der Rasse, Religion und Kultur. Das Kriegführen entwickelte sich gar zu einer besonderen Kunst. Wer die Kriegskunst nicht beherrschte, ging und geht bis heute schwere Risiken ein.

Zum Thema ‚Kriegskunst' ist ein äußerst bemerkenswertes Zeugnis auf uns gekommen unter dem Titel: ‚Die Kunst des Krieges'. Es ist 2500 Jahre alt und stammt von einem chinesischen Philosophen und General namens Sunzi. Er lebte etwa um 500 v. Chr. und ist ein Zeitgenosse Heraklits. Sunzi war schon Philosoph, bevor er von einem König einer chinesischen Region zum obersten General ernannt wurde. Sein Buch hat weltgeschichtliche Bedeutung erlangt. In ihm warnt er vor Vernachlässigung des Kriegswesens und weist darauf hin, dass Spione ein wichtiges Element des Krieges sind, denn von ihnen hängt ein erfolgreicher Einsatz der Armee ab. Die größte Leistung bestehe allerdings darin, den Widerstand des Feindes ohne einen Waffengang zu brechen. Das Ziel des Krieges sei der Frieden. Kriegführung aber gründe auf Täuschung. Wenn der Feind an Kräften überlegen ist, dann weiche ihm aus. Wenn er cholerisch ist, suche ihn zu reizen. Gib vor, schwach zu sein, damit er überheblich wird. Greife ihn an, wo er unvorbereitet ist, tauche auf, wo du nicht erwartet wirst. Stelle vor dem Kampf Berechnungen an, wenig Berechnung oder keine führen zur Niederlage. Durchkreuze die Pläne des Feindes. Wenn wir in keiner Hinsicht dem Feind gewachsen sind, können wir fliehen...-

Viele strategische Ratschläge erteilte Sunzi in seinem Buch, das nicht nur in China, sondern auch in Russland Beachtung fand und selbst Napoleon schätzte. Es gehörte gar zur Pflichtlektüre sowjetischer Offiziere und war Quelle für Mao Tse-tungs Schrift über militärische Prinzipien. Sunzi selbst war seinerzeit ein erfolgreicher General. Eine gut gerüstete Armee war ihm stets die beste Garantie für den Frieden, denn sie schreckt den Feind vor Angriffen ab. Abschreckung ist dann wohl die sicherste Friedensgarantie. Das stimmt voll und ganz mit dem Grundsatz aus altrömischer Zeit überein: Si vis pacem, para bellum. Peinlich war nur, dass diese Garantie immer schnell abgelaufen war und nicht eigentlich Frieden gebracht hat, den Römern nicht und allen anderen Staaten mit der gleichen Strategie auch nicht. Denn wie lange Abschreckung wirksam bleiben kann, ist nicht mit Sicherheit zu sagen. Bei aller Bemühung um Erneuerung der Wehrbereitschaft - eine immer währende Abschreckung wird es nie geben. Also ist ein Frieden im Schatten gut gerüsteter Armeen auch nur ein Frieden auf Zeit. Irgendwann, wenn auch nicht sogleich, wird wieder Krieg geführt werden müssen, unausweichlich, vielleicht von der nächsten oder übernächsten Generation. Kinder, Enkel, Urenkel - sie werden dann wieder Opfer bringen müssen, vielleicht gar noch größere als ihre Väter.

Hier zeichnet sich das große Menschheitsdilemma ab. Im Zeitalter von atomaren und anderen Massenvernichtungswaffen kann jeder Krieg tödlich sein, nicht nur für die kampfbereiten Feinde, sondern für die gesamte Menschheit. Die Jahrhundert- oder Jahrtausendfrage harrt einer Lösung, wenn die Menschheit überleben und nicht in Selbstvernichtung verfallen will. Wie kann die Menschheit einen dauerhaften, ‚ewigen Frieden' etablieren?

III. Der Frieden - in erster Linie ein Rechtsproblem

> Des Rechtes Macht ist
> groß und hehr.
> (Euripides; Elektra. 958)

Um verhängnisvollen Kreisläufen zu entgehen, und die Kriege, die scheinbar unvermeidlich in regelmäßigen Abständen immer wieder ausbrechen, in ihrer unberechenbaren Grausamkeit zu bändigen, hat man versucht, Krieg in den Rahmen des Rechts zu zwingen, dem sich alle Staaten zu unterwerfen hätten, bei Strafe des Ausschlusses aus der Völkergemeinschaft.

Es war der Holländer Hugo Grotius (1583-1645), der diese Gedankengänge entwarf und ein neues ius gentium, ein Völkerrecht, schuf in Anlehnung an den Spanier Francisco Suarez, der davon ausging, dass kein Staat vollkommen autark sein könne, sondern einer Gemeinschaft bedürfe. Grotius´ Anliegen in seinem erfolgreichen Werk ‚De iure belli ac pacis' von 1625 war vor allem, die Kriegsgräuel zu lindern, wenn der Krieg als solcher schon nicht abgeschafft werden könne. Diese Tat wurde allgemein in Europa begrüßt.

Wie groß das Echo auf das Werk von Grotius war, hält ein moderner Rechtsphilosoph mit den Worten fest: „Nach Grotius hat niemand mehr in der politischen Geschichte des Abendlandes es ungestraft wagen dürfen, auf eine rechtliche Begründung der durch Machtentfaltung geschaffenen geschichtlichen Tatsachen zu verzichten; es gibt nach 1625 keinen rechtsfreien Raum mehr in Europa".(Erik Wolf, Große Rechtsdenker 2oo; Anm. in: Klassiker des polit. Denkens I, hrsg. von Hans Maier,4.Aufl.1972;Grotius 307).

Das grotianische Rechtsdenken ist sehr stark von religiösen Aspekten geprägt, sichtbar an seiner These von der Freiheit des Meeres, des mare liberum, da nämlich ein mare clausum die gottgewollte Einheit der Menschheit verhindern würde. (G. Hoffmann-Loerzer, in: Klassiker I, a.a.O.,317).

Zur Konzeption des Völkerrechts bei Grotius gehört maßgebend der Gedanke, dass die Menschheit letztlich eine Einheit bilde. Darum obliege den Lenkern der Staaten „neben der Sorge für ihren Staat eine allgemeine Sorge für das ganze Menschengeschlecht. (zit. bei Alfred Verdross, Quellen des VR, 16).

Und der Krieg ist nach Grotius kein frisch-fröhlicher Waffengang unter ritterlichen Gegnern, sondern Polizeiaktion gegen Verbrecher mit dem Ziel, diese unschädlich zu machen. „Der Staat als Verbrecher – das ist die Herausforderung von Grotius für den souveränen Staat, der bisher nur seiner Staatsräson folgte". (Hoffmann-Loezer,a.a.O.319). So stehen Staatsräson und Völkerrecht in Konkurrenz zueinander. Und in der Tat zeigt sich diese Tendenz auch bei Hegel. Er erkennt zwar das Völkerrecht und seine Grundsätze an als „zwischen den Staaten gelten sollendes Recht. Weil aber deren Verhältnis ihre Souveränität zum Prinzip hat, so sind sie insofern im Naturzustande gegeneinander, und ihre Rechte haben nur in ihrem besonderen Willen ihre Wirklichkeit. Jene allgemeinen völkerrechtlichen Bestimmungen bleiben daher beim Sollen.... Es gibt keinen Prätor, höchstens Schiedsrichter und Vermittler zwischen den Staaten, und auch diese nur zufälligerweise, d.h. nach besonderen Willen. Die kantische Vorstellung eines ewigen Friedens durch einen Staatenbund, welcher jeden Streit schlichten könnte und damit die Entscheidung zum Krieg unmöglich machen würde, setzt die Einstimmung der Staaten voraus, welche auf moralischen, religiösen und anderen Rücksichten, überhaupt auf besonderen souveränen Willen beruhen und dadurch mit Zufälligkeiten behaftet ist". (Hegel, Phil. d. Rechts, § 333).

Hegel zieht daraus den Schluss, dass der Streit der Staaten, insofern die besonderen Willen keine Übereinkunft finden, nur durch Krieg entschieden werden könne. (§ 334). Und dies war die herrschende Meinung der Staatenlenker, bis 1920 der nach einem schrecklichen Krieg gegründete Völkerbund sich von jenen Souveränitätsvorstellungen teilweise trennte. Die besonderen Willen - um mit Hegel zu reden – fanden also eine Übereinkunft. Freilich war diese nicht von langer Dauer. Kaum 20 Jahre nach Gründung des Völkerbundes brach der Zweite Weltkrieg aus, schrecklicher noch als der Erste. Tatsächlich waren die grotianischen Gedanken über die Verantwortung der Staaten für die gesamte menschliche Gesellschaft in einen „fast 300-jährigen Schlaf" verfallen, der „bis zur Ersten Haager Friedenskonferenz 1899 dauerte," (vgl.G. Hoffmann-Loerzer, a.a.O. 317) – und dann wieder in einen neuen Kurzschlaf fiel, bis zur Gründung des Völkerbundes.

Grotius hatte die Vision einer pax christiana, in der zwischen gerecht und ungerecht unterschieden werden sollte. Aber wo gibt es bis heute den Richter, der unparteiisch in der Praxis der Staaten entscheiden könnte? Ragt die Religion als Institution in diese Entscheidungskompetenz hinein, so scheint es erst recht unmöglich zu sein, unparteiisch zu entscheiden, haben doch die Religionen ganz unterschiedliche Grundvorstellungen, die in der Geschichte immer wieder den Zündstoff lieferten für Kämpfe.

Sollte es aber den Religionen gelingen – und wenn nicht alles täuscht, sind sie auf dem Wege dazu – Frieden untereinander zu finden, wäre eine Basis für den Frieden in der Welt gefunden.

Dass aus den leidvollen Erfahrungen vergangener Kriege, besonders der beiden Weltkriege, schließlich gelernt wurde, zeigt sich im ‚neuen' Völkerrecht. Es unterscheidet sich erheblich vom klassischen Völkerrecht, das zwischen 1648 und 1920 allgemein in Geltung stand. Es hatte dem Souverän das ‚ius ad bellum' zugesprochen, d.h. das Recht, nach eigenem Ermessen zum Krieg schreiten zu dürfen. Neben diesem war auch ein ‚ius in bello' entstanden, ein Kriegsrecht, das die einzelnen Kriegshandlungen einer rechtlichen Nachprüfung unterwarf. (vgl.Otto Kimminich, Einf. in das Völkerrecht; 1975). – Im neuen Völkerrecht geht es vornehmlich um „die Probleme des Zusammenlebens der Menschen in einer großen Weltgemeinschaft, für Frieden und Versöhnung, Humanität und Menschenrechte. Das Wissen um die Bedrohung der genannten Werte ist eine wichtige Voraussetzung für die Aufgaben und Möglichkeiten des Völkerrechts." Somit erweist sich das Völkerrecht „als eine viel zu ernste Angelegenheit, als dass man es den Juristen allein überlassen könnte". (Kimminich; 5).

Das klassische Völkerrecht aber hat während seiner 300-jährigen Geltungsdauer gar nicht den Versuch unternommen, den Krieg als solchen aus dem Völkerleben zu verbannen. (62). Heute, „unter den Bedingungen der Industriekultur ist das klassische Völkerrecht zur tödlichen Gefahr für die ganze Völkerrechtsgemeinschaft geworden".

Der Krieg – so Kimminich – ist eben nicht nur überflüssig und dysfunktional geworden. Er bringt auch in der Form eines globalen Nuklearkrieges die Gefahr mit sich, dass die Bedingungen des Lebens überhaupt vernichtet werden. (67). „So ist das neue Völkerrecht nicht nur ausgedehnter und intensiver, sondern wesensmäßig anders."

Gewaltverbot und Friedenspflicht verlangen die Satzungen der Vereinten Nationen. Sie sind geltendes Völkerrecht. Es gibt aber Zweifel daran, ob sich derartiges in der Praxis der Staaten durchhalten wird. So meint ein amerikanischer Völkerrechtler: „Ein Völkerrecht, das die Gewalt als Mittel der internationalen Politik verbietet, ist offenbar den Tatsachen weit vorausgeeilt. Wenn aber die Überzeugung wächst, so mag es nicht töricht sein, zu hoffen, dass die Tatsachen allmählich sich in Richtung auf das Recht bewegen.". (Stanley Hoffmann, The state of war, NewYork 1965,zit bei Kimminich,a.a.O. 74).

In Richtung auf das Recht bewegen sich auch Staaten der Dritten Welt, die an der Fortentwicklung des Völkerrechts mitwirken, sodass es zu einer grundsätzlichen Negierung des Völkerrechts nicht gekommen ist. „Dies ist eine gewaltige Umwälzung, die in der Weltgeschichte keine Parallele findet", betont Kimminich. Die Einheit des Völkerrechts ist die Voraussetzung dafür, dass es seine Friedensfunktion erfüllen kann. Es geht ja um nichts Geringeres als „um das Überleben der Menschheit in einer schrumpfenden Welt". (83).

Ähnliches sagt Friedrich Berber. Deutlich hebt er hervor, „dass es sich beim Völkerrecht um das zur Zeit wichtigste und vordringlichste Rechtsgebiet handelt, da von der Möglichkeit, die internationalen Beziehungen in Rechtsschranken zu halten, die Zukunft, ja das Überleben der Menschheit im atomaren Zeitalter abhängt" (Berber, Lehrb. d.VR I; IX) – Zudem gehöre zur großen Umwälzung im neuen Völkerrecht, dass eine „internationale Integration" sich herausbilde, bei der die volle Gleichberechtigung aller Völker der Erde ohne Rücksicht auf ihre Herkunft, ihres Schicksals und ihrer Ideologien gelte.

Integration bedeutet eine Kombination von Teilen zu einem Ganzen, das mehr ist als ein bloß kumulatives Zusammenfügen der Teile. Sie ist aber auch etwas anderes als Annexion, bei der die Teile zum Material für das Ganze werden und ihre Eigenständigkeit verlieren. Unter internationaler Integration ist zu verstehen die Gesamtheit aller jener Prozesse, die der Intensivierung der internationalen Beziehungen dienen, deren Endziel die Herstellung einer universellen gerechten Gesamtordnung ist, in der die Einzelglieder die unentbehrlichen Glieder einer in Freiheit und Frieden zusammengeschlossenen Gemeinschaft sind. (Berber, Lehrb.des Völkerrechts. III, 188ff). „Unserer Epoche ist als wichtigste Aufgabe gestellt, die Fundamente jener universellen Gesamtordnung zu legen, die das Endziel der internationalen Integration bildet". (Berber III,195).

Das System des neuen Völkerrechts bedarf noch einer wichtigen Ergänzung. Es kann ja nur funktionieren, wenn alle Staaten sich an ihre Grundverpflichtungen halten. So hat die UN-Deklaration von 1970 die Zusammenarbeit der Staaten – bisher nur Empfehlung – als Verpflichtung bestimmt: „Alle Staaten haben die Pflicht, ohne Rücksicht auf ihre politischen, wirtschaftlichen und sozialen Systeme auf den verschiedenen Gebieten der internationalen Beziehungen miteinander zusammenzuarbeiten, um internationalen Frieden und Sicherheit zu erhalten" (vgl. Berber I, 224) Und Berber weist ausdrücklich darauf hin, dass diese Verpflichtungen eine wahrhaft revolutionäre Neuerung darstellen. Sie seien deshalb so wichtig, „weil ohne ihre Beachtung infolge der neuesten technischen Entwicklung der Kriegsmittel die Existenz des Völkerrechts wie der Menschheit selbst ernstlich in Frage gestellt sind" (Berber I; 225)

Aber – wie ernst und bindend können Verpflichtungen sein? Kann man sie nicht unterlaufen und die eigenen Interessen höher stellen? Kann man nicht gute und überzeugend klingende Gründe finden, um sich aus unangenehmen Verpflichtungen zu lösen? Einen Maßstab für die rechte Gesinnung können Rechtssatzungen nicht erstellen. Vielmehr muss noch ein ganz anderer Bereich das Bewusstsein bestimmen, sodass Verpflichtungen nicht nur äußerlich auferlegt werden, sondern subjektive Selbstverpflichtungen werden, die in freier Entscheidung und ohne Zwang bejaht und befolgt werden. Damit ist das Gebiet der Ethik betreten.

Grundsätzlich ist das Recht nicht von der Ethik zu trennen. Wurde Ethik in der frühen Neuzeit meistens als Privatsache angesehen, muss sie jetzt wieder um des Überlebens der Menschheit willen ein öffentliches Anliegen von eminenter Bedeutung werden. Politik und Wirtschaft etwa benötigen ein verbindliches Ethos, das für die gesamte Menschheit gilt. Und das Recht selbst braucht ein moralisches Fundament, wenn es in der Praxis der Staaten nicht zu einem Fetzen Papier werden soll. Hängt aber die Verbindlichkeit ethischer Normen nicht auch von der je subjektiven Einschätzung des Handelnden ab, von seinem Gewissen? Gewissensentscheidungen können aber sehr unterschiedlich sein, weil sie vom je subjektiven Wissen mit getragen werden, das wiederum vom jeweiligen Kulturkreis, dem der einzelne entstammt, abhängig ist. Wie sollen aber dann ethische Normen eine allgemeine und weltweite Verbindlichkeit erreichen können?

Auf der Suche nach einem Ausweg aus diesem Dilemma hat der Frankfurter Philosoph Jürgen Habermas eine „Diskursethik" gefordert. Er ist offenbar der Überzeugung, ein immerwährender rationaler Diskurs – wohl zeitlich unbegrenzt – könne zum Konsens führen und die unbedingten allgemein verbindlichen Normen hervorbringen. Gesetzt, es könnten auf diese Weise allgemeine Verbindlichkeiten entwickelt werden, die dann wieder Treue gegenüber den Normen fordern müssten – wann wären dann aber die endgültigen Normen gefunden, wann hätte der Diskurs sein Ziel erreicht? Können denn im Wege eines rationalen Diskurses überhaupt allgemeine gültige Normen gefunden werden? Werden dann nicht gerade wieder Tür und Tor geöffnet für den, der, des ewig unentschiedenen Diskutierens müde, die eigene politische Überlegenheit in die Wagschale wirft und mit einem kräftigen Hieb den gordischen Knoten zerhaut? Warum sollte er denn - könnte er sagen – überhaupt Verpflichtungen eingehen, wenn sich ihm Nachteile daraus ergeben?

Mit diesem Ergebnis wären wir wieder am Anfang, nämlich dort, wo die souveränen Staaten ihre Gegensätze durch Krieg lösten.

Doch so viel muss immerhin gesagt werden: Beruft sich eine Staatengemeinschaft auf ethische Normen, so werden schon tiefere Regionen der geistig-sittlichen Struktur der jeweils Handelnden erreicht, ein gefestigtes Verantwortungsbewusstsein schützt vor leichtfertigem Rechtsbruch und falscher Rede und eigensüchtiger Interessenpolitik.

Im neuen Völkerrecht tritt zur Ethik nun noch eine weitere Kategorie von großem Wert hinzu: Der Frieden. Friedenssicherung und Friedenspflicht jedoch sind mehr als ein Unterlassen gewaltsamer Handlungen.

Sie verlangen auch eine internationale Zusammenarbeit und Hilfeleistung, etwa zwischen entwickelten und unterentwickelten Ländern.

Wenn nun die Satzungen der Vereinten Nationen mit dem Artikel 51 präventive Verteidigungsbündnisse zulassen, so richtet sich dieses System einer vorbeugenden kollektiven Verteidigung stets gegen einen potentiellen Aggressor. Doch die individuelle und kollektive Selbstverteidigung gilt nur als Notrecht für die Zeit bis zur Übernahme der Verteidigungsanstrengungen durch das kollektive Sicherheitssystem der vereinten Nationen, nach dem sich dann – pflichtgemäß – der angegriffene Staat richten muss. So auch das kollektive Verteidigungsbündnis der NATO: es untersteht grundsätzlich der Entscheidungsgewalt der Vereinten Nationen. (vgl.Kimminich,200f)

Wie weit aber halten sich ethische Selbstverpflichtungen durch, wenn elementare Interessen berührt, gar einerseits Opfer verlangt werden, andererseits aber Machtmittel zur Verfügung stehen, denen niemand gewachsen zu sein scheint? Wirkt nicht immer auch noch – und das besonders im Zeitalter des Nihilismus – eine egozentrische Grundhaltung mit, die alle höheren Werte der Ethik und auch des Rechts im Extremfall sich verflüchtigen und nichtig werden lässt? Was dann sich vordrängt, ist ein blanker Machtwille, der Recht und Moral überrollt, der Recht und Macht in eins setzt. So bricht der Nihilismus – solange er ein Zeitalter noch immer im Würgegriff hat – unversehens wieder durch, und alle hehren Zielsetzungen wandern ab ins Land der Träume und Illusionen.

Aber wir geben die Suche nicht auf, denn es steht zu viel auf dem Spiel. Gesucht wird eine tiefer greifende Kraft, die die Psyche ganz erfüllt, sie ‚bindet' und auf einen festeren Boden bringt, wo sie sich nicht mehr dem Nihilismus ausgesetzt sieht. Wo aber findet sich ein solcher fester Boden, wenn doch alles, was existiert, nicht fest ist, nicht dauerhaft, nicht verlässlich, sondern endlich und vergänglich? Und jeder muss es sich eingestehen: Alles ist endlich!

Ist aber einmal der Begriff des Endlichen gesetzt, so schließt sich ihm unmittelbar sein Widerpart an. Die Verneinung des Endlichen ist das Unendliche. Der Gedanke, das Endliche zu verneinen enthält einen ungeheuren Reiz. Er bewegt die Philosophie seit der Zeit der Vorsokratiker, über Platon und Aristoteles und das Mittelalter bis in die Neuzeit.

So hat sich beispielsweise Hegel ausgiebig mit dem Unendlichen befasst. Er kehrt die Bestimmung um: Das Endliche ist als Negation zu begreifen. Wenn das aber gilt, so ist das Unendliche die Negation der Negation. Es ist die Erhebung aus der Schranke. Der Geist erhebt sich darin zu sich selbst, zum Lichte seines Denkens, seiner Allgemeinheit, seiner Freiheit. „Es ist die Natur des Endlichen selbst, über sich hinauszugehen, seine Negation zu negieren und unendlich zu werden." (Hegel, Logik I,1; Lasson 126).

Ist das Unendliche ein Gottesprädikat? Wenn ja, wäre damit der Bereich der Religion betreten. Aber was hat uns eigentlich veranlasst, bei der Frage nach dem Weltfrieden, der in erster Linie als Rechtsproblem bewertet wurde, zur Ethik weiter zu gehen und nun noch zur Religion? Ganz einfach: Recht kann ohne ethische Basis - wie oben gezeigt – leicht zu einem Fetzen Papier werden. Es bedarf also ethischer Selbstverpflichtungen. Aber wie weit können diese tragen? Sind sie nicht dann auch am Ende, wo ethische Selbstverpflichtungen ‚wehtun'? Was kann Religion dabei helfen? Was kann Religion leisten, wenn Recht und Ethik ins Wanken geraten?

IV. Was haben Religionen als ihr Eigenes zu bieten?

> Nicht die Religion,
> sondern ihr Absterben
> war die große Illusion.
> (Hans Küng)

Religion hat wesentlich mit dem Unendlichen zu tun. Doch wir fragen zunächst: Ist die göttliche Vernunft und der göttliche Wille unendlich, wie Augustin annimmt? (de civitate Dei, XII, 17ff). - Ist, wie Nicolaus von Kues findet, die Unendlichkeit Gottes das Urbild für die Grenzenlosigkeit der Welt? Oder geht die ‚Idee des Unendlichen anderen Inhalten des Bewusstseins voraus', die zugleich im höchsten Maße vollkommen gedacht werden müsse, wie Descartes sagt? Aus der Idee des Unendlichen begründet er Begriff und Existenz Gottes. Bis heute wird „Unendlichkeit im Sinne der Selbstüberschreitung des seiner Endlichkeit bewussten Menschen" als dem Menschen wesensgemäß bewertet. (W.Pannenberg, in: Histor. WB. d .Philos., Bd. 11;U-V,140).

Was aber ist nun Religion wirklich? Inhaltlich ist sie wohl wegen ihrer Vielfalt schwer bestimmbar. Ihr ‚Gegenstand' aber sind Welt und Geschichte des Menschen unter dem Blickwinkel der menschlichen Sinnfrage. In der Sinnfrage geht es immer um den Sinn ‚für uns'. Dieser ist aber von uns aus nicht machbar, denn wir fragen ja gerade über uns hinaus. Er ist ‚transzendent', in Welt und Geschichte nicht verfügbar, denn diese gehen unkalkulierbare Wege. ‚Sinn' ist eine unsere Möglichkeiten übersteigende Macht. (vgl. Karl-Heinz Ohlig, Religion.., Darmstadt 2002; 21)

Man kann freilich diese Selbstüberschreitung verwerfen und sich ganz im Endlichen gefangen und verborgen halten - gemäß den Vorstellungen des Naturalismus und Autonomismus in der Neuzeit. Und Nietzsche sah in jenem Überschreiten des Endlichen nur den vergeblichen und im Nihilismus gescheiterten Versuch, durch Religion das Leben des Menschen zu einer metaphysischen Bedeutsamkeit zu verklären.

Aber warum hätte das Leben verklärt werden sollen? Damit es schöner, leuchtender erscheine als es ist? Ist vielleicht das menschliche Leben niederdrückend und beschwerlich, freudlos und der Verzweiflung ausgesetzt, so sisyphushaft absurd, so sinnlos, dass erst eine Verklärung ins Überirdische nötig war? Und wenn diese Verklärungen sich plötzlich als unwahr erweisen, als Illusionen, fühlt sich dann der Mensch seines Lebenslichtes beraubt, hat er seine Heimat verloren, ist er ein Fremder in dieser Welt geworden?

Es ist in der Tat die Situation des Menschen, wenn ihn das Gefühl und ein Bewusstsein des Nihilismus überfällt, ihn ernüchtert, weil alle höheren Werte sich als unglaubwürdig erwiesen haben, ‚entwertet' sind, dass er sich plötzlich in ein sinnloses Nichts gestellt sieht, weil er Religion als einen Versuch sieht, einen Sinnhorizont zu schaffen, der das Leben verklären sollte, der Versuch aber nun für gescheitert erkannt wird. Auf die als schrecklich empfundene Einsicht reagiert er mit Niedergeschlagenheit und Verzweiflung, einerseits; - oder aber er steigert andererseits sein Ego zum Maß aller Dinge, erhebt seinen Machtwillen zum einzigen Maßstab, kennt keinerlei Bedenken mehr, um sich so selbst einen Sinn zu schaffen und im Nichts einzurichten. Und wenn er sich nun neue Ideologien erfindet, die von Weltmacht träumen nach dem Motto: ‚denn heute da hört uns Deutschland und morgen die ganze Welt'; oder: ‚Führer, gib die Marschbefehle, die uns kein Zweifel bricht', - und wenn er mit anderer Ideologie in Weltverbesserungsabsichten brutal und unerbittlich die Weltrevolution als neues Heil der Welt verordnen will, um absolute Gerechtigkeit auf Erden zu schaffen, denn ‚die Zukunft ist hell, ist wunderschön.' - spinnt er sich dann nicht wieder Illusionen zurecht, die ihm das Leben sinnvoll und erträglich und gar herrlich erscheinen lassen sollen, ohne ihre Brüchigkeit zu durchschauen, ohne darin die Peinlichkeit eines Religionsersatzes zu erkennen? Und wenn die revolutionäre Gewaltsamkeit mörderisch wütet und den Horizont düster werden lässt, so erscheint ihm, der sich im Nichts eingerichtet hat, ein düsterer Horizont immer noch besser als gar keiner, wenn schon der alte, große metaphysische Horizont weggewischt ist, - wie Nietzsche verkündete - sodass der Mensch arm und verlassen sich vorkommt, verzweifelt und sich selbst entfremdet.

Und es war wiederum Nietzsche, der diese Situation mit treffenden Worten beschrieb. So stehen seine Sätze wie in Erz gehauen: „Wir haben Gott getötet. Wie trösten wir uns, die Mörder aller Mörder?" - „Das Heiligste und Mächtigste, was die Welt bisher besaß, es ist unter unseren Messern verblutet – wer wischt dies Blut von uns ab?" -

Angesichts dieser Situation stellt sich für manche Europäer ganz unverblümt die Frage: Lohnt sich das Leben überhaupt noch? Hat es überhaupt noch einen Sinn? „Verlangt seine Absurdität, dass man ihm mittels der Hoffnung oder durch Selbstmord entflieht?" (Camus,13). Sollte der Mensch denn nicht viel lieber gar nicht sein? Das sind nicht nur leere Worte. Tatsächlich sterben bis heute in Europa jährlich 58 000 Menschen durch Selbstmord, mehr als durch Verkehrsunfälle. - Oder sieht sich vielleicht der Mensch als eine Art Tier, das einfach existiert und vegetiert, sich stets und immer anpasst und nach dem Warum nicht fragt?

Aber die Warum-Frage ist hartnäckig. Sie bedrängt ihn immer wieder, und immer bleibt die rechte Antwort aus. Der Mensch fragt, aber die Welt schweigt beharrlich. Ist alles sinnlos? Verzweiflung breitet sich aus. Welt und Leben erscheinen absurd. ‚Das Gefühl der Absurdität kann einen beliebigen Menschen an einer beliebigen Straßenecke anspringen', - sagt Camus. Und er kann nur feststellen, dass die Welt ohne Sinn und Vernunft ist und das Leben absurd und hoffnungslos. Die ermüdende Monotonie des Alltags lässt nach seinem Sinn suchen und ist das erste Signal der Absurdität. (Liselotte Richter, in: Camus, Sisyphus;114).

Aber dann – irgendwann - schlägt es dem Suchenden wie ein Blitz ein, und es trifft ihn wie eine Erleuchtung: In der Antwort-Losigkeit liegt die Antwort. Der Mensch ist eben ein Wesen, das aus sich selbst heraus nicht verstanden werden kann. Das bloß Naturhafte ist eben nicht seine Natur. Seine Natur ist es vielmehr, keine Natur zu sein. Romano Guardini, Theologe und Philosoph, kann darum unter Bezugnahme auf Pascal sagen:

„Der Mensch ist von seiner Anlage her ‚ad Deum creatus', darauf hingeordnet, von der Gottesbegegnung ergriffen zu sein" (Guardini, Christliches Bewusstsein; 1962; 66). Der Mensch kann gar nicht darauf verzichten, Mensch zu sein. Er kann sich selbst nicht entfliehen. - Doch was heißt hier ‚Mensch sein'? Guardini bringt es auf den Punkt:

„Im wahren Sinne Mensch kann der Mensch nur sein, wenn er es wagt, mehr zu sein als nur ‚Mensch' – aber auf Gott hin". (a.a.O.67).

So schließt sich der Kreis: Die Endlichkeit des Menschen findet in der Unendlichkeit Gottes sein wahres Wesen, seine wahre Heimat. Sie ist die Kraft des Geistes, die gerade im Nihilismus verloren war. Sie ist die Antwort auf die Sinnfrage, losgelöst von allem bloß Sinnlichen und darum das absolutum, das nur im erlebenden Denken erfassbar ist. Mit dem Absoluten ist jener Bereich gemeint, der in Europa seit den Zeiten des römischen Götterkultes ‚Religion' genannt wird. – Und was verstehen wir bis heute unter Religion? Was meint das Wort eigentlich?

Die alt-römische religio meint zunächst nur „das Offensein für das Sein der Götter". Mit dem Offensein ist zugleich eine „verfeinerte Gabe des Lauschens und die fortwährende Betätigung dieser Gabe" gemeint. Es handelt sich hier nicht um ein ekstatisches Prophetentum, sondern um eine andere Haltung, die Kerenyi beschreibt als „zähes Hinhorchen und sich danach richten" (K.Kerenyi, Religion;1963;165)

Die römische religio setzt ein numen voraus, einen Wink und ein göttliches Wirken, in dem sich der göttliche Geist kundgibt. So gehört zur Vorstellung der römischen religio die Gewissheit, dass in dem, was historisch geschieht, etwas Göttliches sich verwirklicht und dass dieses Göttliche für denjenigen, der gut hinhört, vernehmbar ist. Hinhören heißt gewissenhaft bedenken und immer wieder durchgehen, - relegere – ‚wieder lesen', was die Götter wollen. Diese Götter sind numina, eine Art Befehlsgewalten. So heißt religio auch, ausführen dessen, was angeordnet ist von höherer Macht. (Kerenyi;166).

Das Christentum hat den römischen Begriff religio übernommen. Es sah darin die verpflichtende Verbindung mit Gott. Diese Deutungen finden sich bei Lactanz und Augustin. Die altrömische Auffassung einer gewissenhaften Beachtung tritt zurück.

Augustin füllt den Begriff religio mit christlichen Inhalten. So ist sie die Verehrung Gottes als des Weltenlenkers und zugleich Erkenntnis der Verbindung zwischen Welt und Gott, was sie mit Philosophie in Zusammenhang bringt. Die antik-christliche Prägung des Begriffs bleibt trotz vielfältiger Varianten bis zur Gegenwart wesentlich unverändert. Dieser Religionsbegriff hat bei heftigen inneren Kämpfen um das rechte Wahrheitsbild sowohl die Wandlungen und Krisen im Rahmen der griechisch-römischen Antike als auch die Erschütterungen durch Reformation und Gegenreformation überstanden, gar sich gefestigt und über zwei Jahrtausende die Kultur des Abendlandes bestimmt, bis schließlich ein Prozess der Erschlaffung einsetzte, der zu einer Negation ihrer

Zentralbegriffe führte. Diesen Prozess hat Nietzsche gegen Ende des 19. Jahrhunderts als „Heraufkunft des Nihilismus" beschrieben. Spöttisch bemerkte er zum Gott des Christentums, dass er wohl ein grausamer Gott sei, wenn er die Wahrheit hat und es mit ansehen könnte, wie die Menschheit sich jämmerlich um sie quält. Konnte er sich nicht deutlicher ausdrücken? (Nietzsche, Morgenröte; Aphorismus 91) Von Marx hören wir, Religion sei Opium des Volkes, womit es sich selbst in einen Rauschzustand versetze. Nachdem aber das Jenseits der Wahrheit verschwunden sei, gelte es, die Wahrheit im Diesseits zu etablieren. Die Kritik des Himmels wandle sich in die Kritik des Rechts, die Kritik der Theologie in die Kritik der Politik. (Marx, Kritik der Hegelschen Rechtsphilosophie, in: Frühe Schr.I,497).

Der Psychiater Sigmund Freud qualifiziert religiöse Aussagen grundsätzlich als Illusionen. (Die Zukunft einer Illusion, 1927;165). Allgemein sprach man von Comte bis Feuerbach und Marx und bis zu Lenin, zwischen dem 17. und 20. Jahrhundert von einem baldigen Ende der Religion. (Ohlig, Religion; 2002;240ff).

Religionskritisches Denken konnte dagegen im Islam und in indischen Kontexten nur schwer Fuß fassen, selbst in China war die Jahrzehnte während marxistische Religionskritik nicht imstande, die alten religiösen Traditionen zum Verschwinden zu bringen. (Ohlig, 242). Sicher sind auch nihilistische Strömungen in die asiatischen Länder eingedrungen. Aber zwischen religionskritischem Denken und nihilistischen Entwertungstendenzen besteht ein Unterschied: das eine erfolgt intellektuell, das andere existentiell. Letzteres ist nachhaltiger.

Aber Religionskritik und nihilistische Dekomposition haben nach langer Inkubationszeit Gegenwirkungen erweckt, die - um es mit Hegel zu sagen – eine Negation der Negation hervorgerufen haben. So konnte Küng triumphierend verkünden:

„Das erwartete Absterben der Religion ist nicht erfolgt. Nicht die Religion, sondern ihr Absterben war die große Illusion." (Küng,1987;23).

Neue religiöse Impulse traten besonders nach dem Ende des Zweiten Weltkrieges hervor, - man denke etwa an die ökumenischen Bewegungen, - sodass sich mit Recht sagen lässt, dass eine neue, kritische Theologie sich nicht nur im Umbruch befindet, - „sie wagt vielmehr einen neuen Aufbruch zu einer Theologie der Weltreligionen". (Küng,1987; 27).

Aber Küng merkt zugleich an, dass er von einem idealtypischen Programm spreche und dass die Wirklichkeit in allen großen Weltreligionen dieser Programmatik oft Hohn spreche.

So ist also der ‚idealtypische Aufbruch' nur erst mehr eine Vision mit einzelnen, noch unsicheren Ansätzen. Und wieder kann man sich fragen: Ist denn der Nihilismus als der ‚unheimlichste aller Gäste' immer noch nicht gegangen? Lähmt er immer noch jeden geistigen Aufschwung? Sind wir in eine unentrinnbare Sackgasse geraten? Will uns denn aller Mut verlassen? Aber: Rückschläge können auch Herausforderungen sein, nun erst recht gegen die Widerstände anzugehen und sie zum Trotz zu überwinden. So kam 1970 trotz großer Widerstände in Kyoto/Japan eine „Weltkonferenz für den Frieden" zustande. Sie verabschiedete eine Erklärung, in der es hieß, dass ein konkretes universales Grundethos in allen Religionen lebendig sei, sodass ein „Weltethos der Weltreligionen im Dienst an der Weltgesellschaft" möglich sei. (Küng, Weltethos 1990,89).

Hier wird ein allgemeines Ethos für die ganze Welt aus der Perspektive der Weltreligionen sichtbar. Mögen die Religionen unterschiedliche Lehren über das Transzendente verkünden, mögen sie verschiedene Riten pflegen, - für das ethisch-sittliche Verhalten der Menschen gelten weitgehend übereinstimmende Grundnormen, sodass die Weltgesellschaft sich gar zu einer Weltgemeinschaft entwickeln könnte, für die ein friedvolles, solidarisches Miteinander aller Völker und Staaten Realität wäre. Es muss wohl in der Religion eine geheimnisvolle Kraft walten, die vielfach verkannt oder für fremde Zwecke missbraucht worden ist, jetzt aber nach einer radikalen Reform verlangt, um „das Wesentliche wieder zum Leuchten zu bringen". (Küng) Ihre geheimnisvolle Kraft kann darin gesehen werden, dass sie Entgegengesetztes zusammenfügt, ohne es zu zerstören, dass sie versöhnt und verbindet und einen Dialog der Religionen initiiert.

Wie aber können Religionen wirksam sein, wie haben sie es von je her vermocht, bis in das Innerste des Menschen vorzudringen und Umkehr zu bewirken?

In den Religionen findet eine Konfrontation des Menschen statt mit dem Unbedingten, dem Absoluten, dem Unendlichen, mit Gott – wie immer auch jenes Transzendente benannt sein mag. Die Begegnung mit ihm wurde in der christlichen Tradition ‚*metanoia*' genannt. Diese meint ein grundlegendes Umdenken, - weg von einem krassen Egozentrismus, eine Umkehr des Menschen hin zu Gott. (vgl.Küng,Weltethos,92). Küng nennt noch einige Gesichtspunkte, die für das dritte Jahrtausend von Bedeutung sein könnten, um zu einer echten Weltgemeinschaft zu gelangen, einer Gemeinschaft, die sich bewusst ist, dass sie der ständigen Vergebung und Erneuerung bedarf:

- weg von der Trennung, in der die Kirchen noch leben,

- weg von der Last lähmender Erinnerungen an die Vergangenheit,

- notwendig ist eine ökumenische Weltordnung.

„Noch nie ist uns wohl unsere Verantwortung für die Zukunft der Menschheit so bewusst geworden, wie gerade jetzt". Eine Abstinenz in Sachen Ethik hätte katastrophale Auswirkungen. Küng setzt eine neue Sentenz:

„Kein Überleben ohne Weltethos". (Küng,1990;96). Und das heißt doch wohl im Klartext, es ist nicht ganz auszuschließen, dass die Menschheit in ihrer Verblendung und ihrem hemmungslosen Machtwillen – wer, welches Volk oder welcher Aggressor es auch immer sein möge - irgendwann von ihren Massenvernichtungswaffen Gebrauch machen könnte, wenn kein Einhalt geboten wird. Einhalt aber kann gebieten ein Ethos, das bei allen Völkern der Erde gilt und unbedingt verbindlich ist, ein Weltethos. Und dieses Weltethos ist gar nicht so fern und so utopisch, wie es auf den ersten Blick hin erscheinen mag. Es ist grundsätzlich in den Weltreligionen verankert, denn sie alle haben eine Ethik, die sie miteinander verbindet, auch wenn sie im Verborgenen zu liegen scheint. – Um es deutlich zu sagen: Dieses Weltethos ist verankert in den Weltreligionen, im Christentum, Buddhismus, Islam, Hinduismus, Taoismus, Konfuzianismus, Judentum u.a.

Das eben ist die große Neuentdeckung, dass die großen Religionen im Grunde ihres Ethos sich auf der gleichen Ebene befinden. Deshalb gilt es herauszuarbeiten, „was den Religionen der Welt schon jetzt im Ethos gemeinsam ist" (Küng, 1993;10).

Vertreter der Weltreligionen trafen sich zu einem ‚Weltparlament der Religionen' im September 1993 in Chicago unter Beteiligung von 6500 Angehörigen verschiedener Religionen. Hier wurde eine Erklärung zu einem Weltethos ausgearbeitet. Außerdem übertrug man den Religionen die Aufgabe einer ‚spirituellen Neugeburt'. Mit Spiritualität ist das ‚innere' religiöse Leben gemeint im Unterschied zur äußeren Erfüllung der Gebote und zur Befolgung der Riten. (vgl.A.Solignac in: Histor. WB der Philos., Bd. IX S;1420). Man war der Überzeugung, dass die Religionen künftig eine entscheidende Rolle in der Welt spielen werden, denn sie können den Menschen in ganz anderen Tiefenschichten ansprechen als in den Schichten des rationalen Kalküls, der Operationen und Strategien.

Eine überwältigende Mehrheit der Delegierten aus allen Religionen hat die Weltethos-Erklärung unterschrieben, trotz kontroverser Diskussionen. Das zeigt, dass in allen Religionen ein Bewusstseinswandel in Gang gekommen ist. (Küng/Kuschel; Erkl. z. Weltethos;119).

Aber man sollte deshalb nicht verkennen, dass ein Dialog zwischen den Religionen, die teilweise über Jahrhunderte verfeindet waren und sich gegenseitig verdammt haben, äußerst schwierig ist und gar unmöglich, wenn nicht von beiden Seiten eine echte Dialogbereitschaft sich zeigt.

Was will nun der interreligiöse Dialog grundsätzlich erreichen? Er sucht nicht nur gegenseitiges Verstehen und verbindende Gemeinsamkeiten. Das ist nur ein erster Ansatz. Es gilt vor allem, alte Vorurteile zu überwinden und eine Basis für ein Weltethos zu finden. Wie tief alte Vorurteile sitzen können, zeigen die ersten Begegnungen zwischen Christen und Buddhisten im 19. und 20. Jahrhundert. So war man in Europa der Meinung, der Buddhismus sei überhaupt keine Religion, sondern nur ein rationales und moralisches System ohne jeden Gottesglauben. Dieses Vorurteil verschwand erst um die Mitte des 20. Jahrhunderts, als in der Philosophie der blanke Rationalismus vom Existentialismus verdrängt wurde. (vgl. Brück/Whalen,1997;483). Wesentlich für die religiöse Tradition der Menschheit ist - so der in England lehrende Philosoph Edward Conze - die Verneinung des bloßen Lebenswillens und die Abwendung von der Welt der Sinne, während die europäische Tradition der Neuzeit dazu neigt, den Lebenswillen zu betonen und sich aktiv in der Welt der Sinne zu betätigen. Diese Haltung habe die europäische

Religiosität beeinträchtigt. Conze rechnet aber mit erneutem Einfluss der indischen Gedankenwelt auf Europa, die dazu beitragen könnte, „die dahinwelkenden Überreste der abendländischen Religiosität wieder zum Leben zu erwecken". (Conze, Buddhismus 1953; 10).

Am Anfang des interreligiösen Dialogs standen Pionierleistungen Einzelner, die durch ‚spirituelle' Begegnung sich der je anderen Religion näherten. Sie sahen im Dialog den entscheidenden Schritt für die Zukunft der Religionen, wobei ein Bewusstseinswandel zu erwarten sei, der sowohl das Christentum als auch den nicht-christlichen Dialogpartner ganz grundsätzlich betreffe und verändere.

Wie das veränderte Christentum in Zukunft aussehen werde, könne heute noch niemand sagen, wohl aber – so empfiehlt Hugo Enomiya-Lassalle – sollen wir uns fragen, was wir tun können, damit die richtigen Formen gefunden werden können. Was also ist zu tun?

An erster Stelle wird empfohlen, zu den Quellen zurückzugehen. Das ist aber nun eigentlich nichts Neues, wurde aber vielleicht nicht immer ernst genug genommen. Wohl aber können sich die Methoden der Quellenstudien und Interpretation verbessern und verfeinern und durchaus Neues aus alten Texten hervorholen.

Einer der großen Pioniere im interreligiösen Dialog ist der oben genannte Hugo Enomiya-Lassalle, SJ. Er ist anfangs mit einem kaum hinterfragten christlichen Missionsbewusstsein nach Japan gegangen. Dort entdeckte er die Werte des Buddhismus. Es reifte bei ihm ein Bewusstsein der Gleichwertigkeit beider Traditionen. Sie sollten seiner Auffassung nach ihren Reichtum durch gegenseitige Transformationen zu einem umfassenden Bewusstseinswandel einbringen. (Brück,516). Es sei maßgeblich Lassalles Verdienst, dass die christlich-buddhistische Begegnung über die akademische Diskussion hinausgewachsen ist zu einer Begegnung in der Tiefe der kontemplativen Erfahrung. Er hatte erkannt, dass Zen die gesamte Kultur Japans innig durchdringt. Am 6. August 1945 wurde er beim amerikanischen Bombenangriff auf Hiroschima verwundet. Das hat ihn stark geprägt. Er nahm die japanische Staatsbürgerschaft an und den japanischen Namen Makibi Enomiya. (Brück,503f). Er hatte als Katholik vonseiten der katholischen Kirche erheblichen Widerstand auszuhalten. Sein Buch „Zen – Weg zur Erleuchtung" (1960) wurde anfangs wegen häretischer Tendenzen beanstandet. Dem Fazit seines Buches, der Christ müsse sich selbst im Glauben total loslassen können, und Zen sei die ideale Übung dazu, begegnete man mit Misstrauen. Solche Loslösung aber verhelfe zu einer Öffnung für Gott. Ihn zu finden sei keine Frage theoretischer Reflexion, sondern eine Sache des Übungsweges. (Brück,504).

Zen, so Lassalle, sei ein ‚gegenstandsloses Bewusstsein' – was wohl ein Denken im Bereich von Ideen meint – und damit ein Phänomen, das zum natürlichen Menschen gehöre. Es könne in jeder Religion auftreten und werde im Zusammenhang der jeweiligen Religion unterschiedlich interpretiert und gedeutet. Aber diese Deutungen lassen erkennen, dass sie Deutungen von Erfahrungen sein wollen. So müsse die Erfahrung von ihrer Deutung unterschieden werden. Aber eine wirkliche Trennung von Erfahrung und Deutung sei wiederum kaum möglich. Denn auch Erfahrung – wird sie bewusst - ist immer auch schon eine im Rahmen einer Kultur angenommene Interpretation. So sei die buddhistische Wahrnehmung der Leere (Sunyata) eine spezifische Interpretation der Wirklichkeit, wie sie dem indischen Kulturkreis entspreche.

Ein weiterer Pionier des interreligiösen Dialogs ist der in Frankreich geborene Benediktiner Thomas Merton.(1915-1968). Er drang tief in den Geist des Buddhismus ein, nachdem ihm die Krise der abendländischen Kultur voll zu Bewusstsein gekommen war. Angesichts dieser Krise kam ihm nichts so verheerend vor wie jener ‚billige Optimismus und Humanismus', der die destruktiven Kräfte – sprich: den zeitgenössischen Nihilismus - in der westlichen Zivilisation nur oberflächlich zudecke, ihren Ausbruch aber keineswegs hatte verhindern können. (Brück,485). Merton erkannte, dass die Begegnung von Buddhismus und Christentum dazu beitragen könne, ein neues Bewusstsein hervorzubringen. Es müsse dem Bedürfnis nach Gemeinschaft, Liebe zu allen Wesen Ausdruck gegeben werden. Das schließe gesellschaftspolitisches und ökologisches Problembewusstsein ein, „denn das Überleben der Menschheit könne nicht durch quietistischen Rückzug in die Innerlichkeit sichergestellt werden. Sowohl die klassische christliche als auch die klassische buddhistische Spiritualität sei wegen ihrer quietistischen Tendenzen in Frage zu stellen und gleichzeitig zur Neuorientierung und zu öffentlichem Engagement aufgerufen. Ein erneuertes spirituelles Bewusstsein müsse den Alltag des Menschen durchdringen und verändern. Der zur Gewohnheit gewordene Egozentrismus müsse überwunden werden. Letzteres, die Überwindung des Egozentrismus, sei die Grundkonstante des Buddhismus überhaupt, der in seiner Lehre vom Nicht-Ich die Freiheit von ich-hafter Projektion anstrebe, was keineswegs Persönlichkeitsverlust bedeute.

Aber jene ich-hafte Projektion ist gewöhnlich bei allen Religionen anzutreffen. Jede Religion sieht sich als die einzig wahre. Diese Ich-Projektion entspricht einem bestimmten, niederen Reifegrad des menschlichen Geistes.

Dennoch muss mit Helmut von Glasenapp dagegen gehalten werden, dass alle Religionen nur zeitbedingte Ausdeutungsversuche eines von uns immer nur unvollkommen erfassten Absoluten sein können. (Glasenapp, Fünf Weltreligionen,1987; 10) Diese Auffassung aber werde bei den strenggläubigen Anhängern der Religionen keinen Beifall finden. Warum? Weil jeder überzeugte Anhänger in ich-hafter Manier des Glaubens ist, dass die religiöse Anschauung, die er für sich als richtig erkannt hat, auch für alle anderen Menschen gleiche Geltung haben müsse. Die Folgen solcher Auffassungen sind bekannt. Sie haben in der Geschichte immer wieder zu heftigen Konflikten geführt, die nicht selten zu blutigen Religionskriegen sich auswuchsen. Toleranz und Versöhnung waren meist erst nach tiefen Erschöpfungen möglich, nach jahrelangen erbitterten Kämpfen, wie beispielsweise nach dem Dreißigjährigen Krieg. Man muss diesen religiösen Absolutheitsanspruch aber anerkennen als ein Reifestadium des Geistes auf niederem Niveau. Es ist doch durchaus anerkennenswert, wenn Menschen sich zu ihren Überzeugungen bekennen und sich jede Lauheit und jedes Schwanken und jede fremde Beeinflussung verbieten und selbst stets auf der Suche nach der Wahrheit und immer wieder bemüht sind, Zweifel zu überwinden. Aber die von Glasenapp dargelegte Einsicht lässt keinen Raum für Intoleranz und religiösen Fanatismus. Vielleicht aber musste die Menschheit erst jenes Stadium kompromissloser, intoleranter ich-hafter Selbstvergewisserung durchlaufen, ehe sie zu liberaleren, toleranten und globalen Durchblicken fähig werden konnte. Vielleicht ist dabei aber die Weite auf Kosten der Tiefe gegangen, eine Verflachung des Religiös-Innerlichen, die zum Nihilismus geführt hat, sodass nunmehr die neue Weite des Denkens und lockere Ungebundenheit des Handelns eine neue Tiefe sucht, die eine innere Leere wieder mit Sinn erfüllt. - Geht die Entwicklung des Geistes solche verschlungenen Wege?

Es ist sicherlich kein leeres Wort, wenn Hegel lehrt: „Der Umweg ist der Weg des Geistes". Er wollte damit sagen, dass der Geist jede seiner Stufen durchlaufen muss, mit Widerspruch und Aufhebung des Widerspruchs, und keine Sprünge macht. So ist jene subjektive Selbstvergewisserung als Absolutheitsanspruch gar nicht zufällig oder beliebig, sondern notwendig. Denn erst wenn eine Stufe voll ausgeprägt und ihre Bestimmung erfüllt ist, tritt ihre Negation wirksam hervor. Der Geist „geht fort" zu einer höheren Formation. Hegel nennt diesen Vorgang ‚Dialektik'. Doch davon später.

Zurück zu Merton. Man könne den Buddhismus nicht verstehen, wenn man ihn nicht auf existentielle Weise erfahre, in einem Menschen, in dem er lebendig ist. In einer dialogischen Begegnung müssen sich die Partner in ihrem Ich ganz und gar zurücknehmen, damit die Kommunikation auf einer Ebene möglich werde, wo Äußerlichkeiten und sprachliche Leerformeln hinter sich gelassen werden können. Wesentlich sei die Kontemplation, in der sich die Religionen in einem gemeinsamen Schnittpunkt treffen. (Brück,492).

Mertons Überzeugung gipfelt darin, dass durch eine gegenseitige Durchdringung von Buddhismus und Christentum neue Wege für die Zukunft erschlossen werden könnten, ein Geben und Nehmen zwischen den Religionen. Der Weg aller Wege zu einem erhabenen Ziel in der Zukunft wäre aber wohl die Abschaffung einer Jahrtausende alten Gewohnheit, nämlich bei schwer lösbaren Konflikten aus Angst und Unsicherheit zu den Waffen zu greifen und Krieg zu führen.

Leider muss gesagt werden, dass die Initiative des christlich-buddhistischen Dialogs – wie vielfach von den Experten festgestellt wurde - stets von christlicher Seite ausgegangen ist. Die meisten Buddhisten zeigen absolutes Desinteresse am Christentum und sind der Auffassung, der Buddhismus stelle die absolute Wahrheit vollkommen und zureichend dar. (516). Dies ist die Phase der Ich-Haftigkeit.

Anders in Tibet. Es wurde 1950 von den Chinesen besetzt und unterdrückt. Der Dalai Lama floh 1959 mit etwa 80 000 Tibetern ins indische Exil. Hier waren sie auf indische Hilfe angewiesen. Als die Chinesen darangingen, die buddhistische Tradition des Landes auszulöschen, fiel dem Dalai Lama die Aufgabe zu, die einzigartige tibetische Kultur zu bewahren und für die Zukunft zu retten. Hilfe aus dem westlichen Ausland war nötig.

Der Dalai Lama wurde aber auch selbst aktiv. Er wurde zum Initiator zahlreicher interreligiöser Begegnungen. Seine elementare Grundeinsicht ist, – im Unterschied zu hinduistischen Auffassungen – dass die Religionen keineswegs gleich sind. Er betont ausdrücklich, dass die Unterschiede nicht überspielt werden dürften. So sei für den Buddhismus charakteristisch das Merkmal der Rationalität, denn er sei nicht auf einen Glauben gegründet, der rational nicht nachvollziehbar sei. Bei bleibenden Differenzen in den Religionen könnten die Menschen dennoch Konsens über allgemein nützliche Werte erzielen. Die Verschiedenheit der Religionen sei begrüßenswert, denn sie stelle einen wahren Reichtum dar.

Der Dalai Lama ist besonders interessiert daran, dass die großen Weltreligionen zum Frieden der Menschheit beitragen. Die Lehren über Toleranz, Liebe und heilende Hinwendung seien bei ihnen im Prinzip gleich. Und die natürliche Aufgabe der Religionen sei der Schutz des Lebens in jeder Gestalt und unter allen Umständen.

Die Religionen selbst aber, in Lehre und Kult verschieden, sind in unterschiedlichen Kulturen zu Hause. Dementsprechend haben sie sich unter verschiedenen Voraussetzungen entwickelt. Deshalb schotteten sie sich auch voneinander ab. Erst in neuester Zeit, seit Mitte des 20. Jahrhunderts, hebt unter den Bedingungen moderner Verkehrstechnik eine weltweite Kommunikation an. So ist eine nachbarschaftliche interreligiöse Dialogsituation entstanden, wenn auch noch nicht sehr publik. Aber ein grundlegender Wandel im Verhältnis der Religionen untereinander zeichnet sich ab. Mit Küng kann man sagen, dass ein neues ‚Paradigma' in der Geschichte der Religionen entstanden ist, ein ökumenisches Paradigma. Die Vorstellungen der Vergangenheit beruhen auf historischen Voraussetzungen, sie haben ihre Berechtigung gehabt, taugen aber heute nicht mehr. Umdenken ist nötig. Die gegenseitige Abschottung der Religionen ist überholt, erst recht bewaffnete Auseinandersetzungen unter religiösen Vorzeichen. Eine Chance zur Begegnung sieht der Dalai Lama in gegenseitiger Achtung und der Akzeptanz auf der Grundlage der Gleichheit: „Die verschiedenen spirituellen Systeme haben im Grunde alle die gleiche Botschaft von der Vervollkommnung des Menschen. Jedes System hat seinen eigenen Wert. Daher sollten wir das gemeinsame Ziel der Religionen erkennen." (vgl. Brück, 521ff).

Eine solche Haltung werde sich auch auf das politische Umfeld auswirken, will sagen, die internationalen Beziehungen können von den Botschaften der Religionen profitieren, sie können freundlicher und friedlicher werden. Das aber schließt nicht aus, dass kritische Stimmen hervortreten und überlieferte Traditionen verjüngen. So hielt der Dalai Lama das tibetische soziale System für überholt. Er hat deshalb in einem Verfassungsentwurf für ein künftig freies Tibet schon in den 70er Jahren zuallererst seine eigene Macht begrenzt. Es ging ihm dabei um den inneren Kern des Buddhismus, den geheiligtes Brauchtum nicht verstellen dürfe.

Der interreligiöse Dialog solle als gegenseitige Hilfe bei der Vervollkommnung des Bewusstseins dienen, besonders zur Verwirklichung uneigennütziger und heilender Hinwendung im sozial-politischen Bereich. Die interreligiöse Kooperation könne einen entscheidenden Beitrag zum Überleben der Menschheit leisten. Damit ist deutlich: auch der Dalai Lama sieht die Menschheit gefährdet.

Die Aufgabe des interreligiösen Dialogs bestehe u. a. darin, Motivationen für ein verantwortliches Handeln der Menschen in der heutigen Welt zu suchen, durch gegenseitiges Lernen zur Disziplinierung des Bewusstseins zu gelangen und zur Einübung der Mitmenschlichkeit. Man beachte: Mitmenschlichkeit und natürlich auch Friedfertigkeit - ein religiöses Übungsfeld!

Man kann sich fragen, warum denn in der Geschichte die Tendenzen der Religionen, vor allem die Mahnungen zum Frieden, so oft überhört oder gar verworfen worden sind, Krieg und Gewalt in den Dienst von Religionen gestellt werden konnten, als sei Krieg ein probates Mittel, Konflikte zu lösen und der Wahrheit zu dienen - oder einfach um Macht über andere zu gewinnen. Und wer im Pokerspiel um die Macht gewinnt – so ein ererbtes, flaches Allgemeinbewusstsein - der besitzt das Charisma des Siegers, denn er hat Gott auf seiner Seite, wenn man so will, und niemand darf ihm fernerhin Widerstand leisten. Denn Macht ist von Gott, und wer sie gewonnen hat, hat sie mit Gottes Hilfe und zu Recht gewonnen.

Krieg mit Eisen und einfachen Feuerwaffen erscheint uns heute beinah wie ein Kinderspiel, wäre er nicht immer auch grausam gewesen. Dennoch tritt uns die Naivität jener Charisma-Vorstellungen, die Gott an die Seite des Siegers stellen, heute deutlich vor Augen, denn ein Krieg mit nuklearer Waffentechnik ist von einer völlig anderen Qualität und wird, wenn er je ausbrechen sollte, zu einem massenmörderischen Inferno werden. Einen Sieger, der über den Besiegten triumphieren könnte, wird es nicht mehr geben. Auch er wird ein Besiegter sein. Die Weltkriege im 20. Jahrhundert sind demgegenüber nur eine Art Vorspiel. Entscheidend für die heutige Welt ist es zu wissen, dass, wenn sie überleben will, es zum Frieden keine Alternative mehr gibt. Krieg ist dysfunktional, wie ein Völkerrechtler zu Recht gesagt hat. Als maßgebende Richtschnur könnten die Alternativ-Sätze von Küng gelten:

> Kein Frieden unter den Nationen ohne Frieden unter den Religionen.
>
> Kein Frieden unter den Religionen ohne Dialog zwischen den Religionen.
>
> Kein Dialog zwischen den Religionen ohne Grundlagenforschung in den Religionen.

Bemerkenswert an diesen Sätzen ist der Gedanke, dass für das Friedenswerk in der Welt den Religionen eine maßgebende Entscheidungskompetenz zugeschrieben wird. Das ist ungewöhnlich, hatten doch sonst die Religionen meist nur dienende Funktionen im Machtkampf der Politik zu erfüllen.

So war Religion als Hilfsmittel der Politik auch im Entscheidungskampf zwischen Christentum und Heidentum im römischen Reich unter Konstantin dem Großen nicht anders denkbar. (312 n.Chr.) Dass Konstantin dann während seiner Alleinherrschaft sich für ein starkes und einiges Christentum einsetzte, lag im politischen Interesse. Und die politischen Interessen waren weder vor noch nach Konstantin, weder in der Antike noch im Mittelalter oder in der Neuzeit durchaus nicht immer auf Frieden gerichtet. Hier stellt erst unsere Zeit seit dem Ende des Zweiten Weltkrieges und seit dem Einsatz der ersten Atombombe etwas wahrhaft Neues dar. Es ist ein Wendepunkt in der Geschichte. Jetzt erst erscheint der Frieden in der Welt ohne Alternative. Lokale Kleinkriege wurden bisher in Grenzen gehalten, und ein labiles Gleichgewicht zwischen den Großmächten konnte sich während der Zeit des Kalten Krieges halten. Die Institution des Rechts hat ihren Beitrag zum Frieden geleistet: Androhung und Anwendung von Gewalt sind nach den Satzungen der Vereinten Nationen verboten. Vereinzelte Rechtsbrüche heben das geltende Recht nicht auf. So war etwa der Angriff auf Ungarn durch die Sowjetunion im Jahre 1956 ein Rechtsbruch, und die Vereinten Nationen hätten satzungsgemäß eingreifen müssen. Sie konnten es nicht, denn ein Atomkrieg, den sie damit provoziert hätten, wäre das größere Übel gewesen.

Dass nun aber gemäß den Sentenzen von Küng die Religionen als Institutionen zur Verantwortung für den Weltfrieden mit eingebunden werden sollen, ist ein weiteres weltgeschichtliches Novum. Gemeint sind dabei aber nicht die Religionen allein wie sie heute sind, sondern vielmehr, wie und was sie eigentlich und im Kern sein sollen. Ein Umbruch und ein neuer Aufbruch sind dabei im Visier. Dialog zwischen den Religionen und Grundlagenforschung in den Religionen sind die angesprochenen Wege zur Erneuerung. Dennoch: die Gegensätze und Widersprüche zwischen den potentiellen Dialogpartnern sind erheblich. Und es steht nichts dafür, Gegensätze zu leugnen und zu unterdrücken. Eine nur äußerliche Harmonisierung lässt sie weiter schwelen. Ein vernünftiger Umgang mit vermeintlich unüberwindlichen Sachzwängen muss entwickelt werden. Es geht um ein ganz neues Denken, ein methodisches Denken, das es vermag, die feindlichen Spitzen der Gegensätze nicht nur abzubrechen, sondern sie aufzuheben, zur Versöhnung zu kommen, sich in einem höheren Dritten zu treffen, ohne dass die jeweiligen Positionen aufgegeben oder vernichtet wären. Sie sollen nur ihre aggressive Verschlossenheit ablegen und sich für den anderen öffnen zu einem neuen Ganzen. „Oft bedarf es langer Kämpfe des Verstandes, bis jene Vereinigung zustande gebracht wird" bekennt Hegel. (Vernunft i.d.Gesch. 86). Es gehört aber zur inneren Struktur des Geistes, bei Gegensätzen nicht stehen zu bleiben, sondern zur Versöhnung fortzugehen.

Nochmals: Nicht stehen zu bleiben, sondern fortzugehen – das ist Hegels Devise. Dieses „Fortgehen" spielt sich im Bewusstsein der Menschen ab. Der Übergang zu einer höheren Formation ist gewiss nicht ein ganz einfaches Ringen, das die Menschen im Denken auszufechten haben, aber nicht gewaltsam und unter Einsatz von Waffen, - es ist eine Frage des Denkens und eine Frage der Selbstdisziplin. Dazu gehört ganz gewiss Geduld, die Überwindung von Hass- und Rachegefühlen, den Gegner in seiner Menschenwürde zu achten, Ruhe zu bewahren und eben der alten, eingefleischten Gewohnheit, gereizt zu den Waffen zu greifen, um die ‚Ehre' zu retten, abzuschwören. Das ist eigentlich schon alles, aber eben auch der wunde Punkt. Neben den ethischen Forderungen sind nun auch Einsicht in die dialektischen Zusammenhänge nötig, der ‚Umweg des Geistes', von dem Hegel spricht, ein methodisches Verfahren, das im Denken die zwingenden logischen Notwendigkeiten entwickelt und unabweislich zu Einigung und Versöhnung führen kann. Es ist der einzige Weg ohne Gewaltsamkeit, der Weg der Vernunft, den zu gehen offenbar den Menschen nicht immer leicht fällt.

V. Differenz und Versöhnung

> Die Vernunft hat die Macht,
> jede Zerrissenheit zu heilen
> und zu versöhnen.
> (Hegel)

Gegensätze zu überwinden, Feindschaften zu versöhnen, Kriege zu vermeiden – all das können ethisch-sittliche Forderungen sein, ein Sollen, das aber als bloße Forderung sich nur schwer - wenn überhaupt – in die Wirklichkeit umsetzen lässt. Und ein Weg, der zwingt durch seine innere Logik, der geradezu Notwendigkeit anzeigt und alle Unvernunft abstellt, ausschaltet, verbietet – wo ist ein solcher Weg zu finden? Gern würden vielleicht Staaten und Völker diesen Weg beschreiten, um eine alte und lästige Erbfeindschaft abzulegen, aber sie sehen ihn nicht, und sie sehen ebenfalls nicht, dass sie beide möglicherweise selbst sich im Wege stehen aus Eigensinn, Engstirnigkeit, Starrsinn, Machtbesessenheit, die bei ihnen selbst und auch bei dem Gegner sich finden lassen, der Rache und Vergeltung üben will und sich über jeden Getöteten freut, den er aus den Reihen der Feinde zu Fall gebracht hat. Der Feind ist dann nicht mehr Mensch, er ist Raubtier und Bestie, Monstrum und Ungetüm, das zu Fall gebracht werden muss. In dieser psychischen Verfassung bleibt der Weg der Vernunft verschlossen, weil man nicht in der Lage ist, zur Selbsterhaltung etwas anderes zu tun als zu töten. Bleibt denn jener Weg der Vernunft menschlichem Denken streckenweise überhaupt verborgen, nicht abrufbar nicht gangbar, nicht ‚machbar'? Ist Frieden nur nach gegenseitiger oder einseitiger Erschöpfung möglich? – Folgt der Krieg - einmal entbrannt - eigenen, selbständigen Gesetzen? Das tut er ganz gewiss, wie Erfahrungen vielfach bezeugen. Dann wird der Krieg eine selbständige Größe, die vom Menschen zu bedienen ist. Hier ist die menschliche Ohnmacht voll vernehmbar. Der Abbruch eines Krieges aus Vernunftgründen wird vom Gegner als Schwäche ausgelegt und mit entsprechenden Forderungen belegt, die nur noch die Niederlage besiegeln sollen. Die Folge kann nur sein: der als schwach Verhöhnte rafft sich auf, um ‚es' dem Gegner zu zeigen, nämlich, dass er noch lange nicht am Ende ist, und so geht der Krieg weiter bis zur Erschöpfung.

Man kann wohl an Versöhnung glauben, wenn Religion dazu ermuntert – sie herstellen und Wirklichkeit werden zu lassen, bleibt dann nur dem Hoffen und Wünschen und Zufall überlassen. Und trotzdem: Muss nicht Vernunft sich irgendwann doch Bahn brechen? Wenn ja, in welcher Gestalt? Als Kapitulation? Als Ausgleich und Friedensangebot?

Der Erste Weltkrieg hätte beendet werden können auf der Basis der Wilsonschen 14 Punkte, die Deutschland nach langem Zögern akzeptiert hat. Nach dem geltenden Völkerrecht hätten diese 14 Punkte als Vorbedingungen für eine Friedensregelung von allen Kriegsteilnehmern angenommen werden müssen, sie hätten wie ein Präliminar-Frieden gelten müssen. Ein solcher Vorfriedensvertrag pflegt die Prinzipien des endgültigen Friedensvertrages bindend festzulegen. „Dass ein solcher Vorfriedensvertrag zwischen den Alliierten und Deutschland abgeschlossen wurde, ist unstreitig." Aber der endgültige Friedensvertrag stand mit dem Vorfriedensvertrag „in flagrantem Widerspruch". Zu diesem Widerspruch gehörte zweitens, dass „die Pariser Konferenz Deutschland nicht als Verhandlungspartner zugelassen, sondern den Friedensvertrag ultimativ diktiert" hat. (Berber,II,103f).

Die Siegermächte gingen also andere Wege und hielten sich nicht an das Völkerrecht. Wilson, der Schöpfer der 14 Punkte, auf deren Basis der Frieden abgeschlossen werden sollte, unterlag bei der Wiederwahl in Amerika und schied damit als mitbestimmender Partner aus, und Frankreich, von Hass und Revanchegedanken erfüllt, ging auf Demütigung des Gegners aus. England schaute zu. Was aus solchen engstirnigen, emotionsgeladenen Friedensverhandlungen werden muss, ist nicht schwer zu erraten. Der französische General Foch, Sieger des Krieges, hielt den Versailler Friedensvertrag für missglückt: „Das ist kein Frieden, das ist ein Waffenstillstand für 20 Jahre." Die Geschichte sollte ihm Recht geben. Bei dem Gedemütigten keimte Empörung auf über die Siegerwillkür. Schließlich wurden Rachegedanken laut, und ein neuer Krieg war von einem bestimmten Zeitpunkt an nicht mehr aufzuhalten. Die Katastrophe nahm ihren Lauf. Die Politik hatte vollkommen versagt. Sie war geleitet von Hass und Machtstreben, - und war eben kein bisschen weise. Woher hätte sie auch Weisheit nehmen sollen? Im Zeitalter des Nihilismus waren ja die höheren Werte ‚entwertet', wie wir seit Nietzsche wissen. Ein blanker Machtwille beherrschte die politische Szene.

Aber: Sollten die Bemühungen um Weisheit und Wahrheit, die die Philosophie - eine wunderbare Schöpfung des griechischen Geistes - seit fast dreitausend Jahren betreibt, nicht doch etwas zu unseren Katastrophen und vor allem auch zur Überlebensproblematik unserer Tage zu sagen haben? Kann Philosophie denn an den entscheidenden und wichtigen Problemen der Zeit vorbeigehen? Das kann sie nicht und tut es auch nicht. Wir suchen philosophische Gedankengänge hervorzuholen, um Klarheit zu gewinnen. Wir lassen jetzt aber die geschichtlichen Tiefen der Philosophie beiseite und gehen gleich zu einem Philosophen weiter, der bewusst aus den Philosophien aller Epochen die Quintessenz zu schöpfen wusste, um „heute", d.h. zu seiner Zeit, „zu begreifen, was ist", will sagen, die tieferen geistigen Hintergründe zu durchschauen. Gemeint ist Hegel. Er erkannte als zentrales Problem der Neuzeit die ‚Entzweiung'. Damit war gemeint die Entzweiung zwischen Religion und Philosophie, zwischen Gott und der Wirklichkeit, zwischen Wissenschaft und Religion. Diese Entzweiung besteht im Grunde bis heute fort, sie hat sich gar noch verschärft. „Zwischen beiden ist eine Scheidewand", heißt es bei Hegel, „das (wissenschaftliche) Denken will sich nicht an die ernsthafte Betrachtung der Religion wagen und ein gründliches Interesse an ihr nehmen. Diesen Riss hat die Religionsphilosophie hinwegzuräumen." (Rel.Phil. I; 28). Hegel war sich wohl sicher, dies dank seines spekulativen Vernunftbegriffs geleistet zu haben. Denn Vernunft vereine das Widersprechende. Sie ist die Erscheinung des Absoluten. Es gibt deshalb nur Eine Vernunft, als solche vereinigt sie die Gegensätze, die das Verstandesdenken dialektisch aufgerissen hat.

Aber nur wenige Jahrzehnte nach Hegels Tod brach nicht nur der Riss wieder auf, sondern die Religion selbst wurde fragwürdig, der Riss zwischen Wissen und Glauben war also noch größer geworden, sodass Nietzsche den ‚Tod Gottes' proklamieren konnte und damit den Niedergang des Glaubens überhaupt. Das Wissen war dabei, den Glauben zu töten.

Doch was heißt hier eigentlich ‚Riss'? Liegt der Erkenntnis des ‚Risses' nicht eine bestimmte Voraussetzung zugrunde, um ihn überhaupt wahrnehmen zu können? Wir könnten ihn doch überhaupt nicht denken, wüssten wir von der Identität der Zerrissenen, ihrer ursprünglichen Zusammengehörigkeit, gar nichts. Denn eine Differenz könnte nicht sein, wäre sie nicht von vornherein durch die Identität getragen und gehalten. Differenz, also jener ‚Riss', setzt Ganzheit voraus. Beide sind in einem Spannungsverhältnis, das auf Ausgleich drängt, zu dem es sich wesensgemäß hin bewegt, wenn der Riss seine ganze schmerzliche Tiefe erreicht hat.

Die bewegende Kraft ist der Geist, der als ‚Logos' einer inneren logischen Notwendigkeit folgt. So richtet sich Hegels ganzes Bemühen darauf, „die Versöhnung, die religiös geglaubt wird, auch im Denken hervorzubringen". Und dieses Denken galt nicht einem die Wirklichkeit überfliegenden Spekulieren, sondern der ‚Aufhebung' des Entzweiten. Es war ihm um Vermittlung und Versöhnung zu tun. Seine Empfehlung: „Denke, befrage die Denkbestimmungen, die so selbstverständlich bekannt zu sein scheinen, und du wirst erkennen, dass das Denken auf das Absolute als den Grund und die Einheit aller Bestimmungen stößt." (vgl. E § 19 Anm.) – will sagen, das Getrennte sucht das Ganze gemäß der inneren Natur des Geistes.

Wir lassen jetzt die gängige Hegel-Kritik hinter uns, denn sie ist „der Schwere der Problematik überhaupt nicht ansichtig geworden. Der verpflichtende Ernst, mit dem Hegel der Herausforderung der Moderne sich stellte und sie wahrnahm, um in ihrem Wirklichkeitsbewusstsein alles Wirkliche und darum die Einheit alles Wirklichen zu begreifen, hat bis heute nichts von seiner Aktualität eingebüßt." (T. Koch, Differenz, 1967; 11)

Hegel nennt dieses Denken ‚Spekulation', freilich in einem anderen Sinne als wir es heute tun: „...und erst die Spekulation ist es, die in dem Gegensatze selbst als solchem die Einheit auffasst. Das überhaupt ist das Geschäft der Spekulation, dass sie alle Gegenstände des reinen Gedankens, der Natur und des Geistes in Form des Gedankens und so als Einheit der Unterschiede auffasst". (Hegel, Rel.Phil.I,34 in: Lasson 1966).

Wenn es eine Einheit der Unterschiede gibt, dann sind Differenz oder Widerspruch und Gegensatz keine festen Größen, sie sind nur ‚Momente' eines Denk- und Entwicklungsprozesses, der besagt, dass zu jeder Position eine Negation sich einfindet dank der Selbstbewegung des Geistes.

Von daher gesehen ist bei praktischen Konflikten, wo Gegensätze aufeinander prallen, ein Rückgriff auf Gewalt, als ob diese eine Art Gottesgericht herbeiführen könnte, ein absoluter Missgriff. Denn Gewalt ist gar die schlechteste aller Konfliktlösungen, sie unterdrückt mehr als sie löst und schafft neue Konflikte, und an Gottesgerichte konnte vielleicht einmal im Mittelalter geglaubt werden, nüchtern betrachtet sind sie Zufälle oder kalkulierbare Risiken.

Eher sollte man auf die Flexibilität des Geistes vertrauen, denn er bleibt auch bei seiner Negation nicht stehen. Der Geist findet im Bild des Phönix aus der Asche sein Wesen dargestellt, „er, der Geist, tritt gegen sich selbst auf", erläutert Hegel, „verzehrt die Formen seiner eigenen Gestalten und erhebt sich so zu neuer Bildung".

Er tritt aber nicht nur verjüngt hervor, wie im Bild des Phönix, sondern erhöht und verklärt. So wird die Negation im Fortgang negiert, es erfolgt die bekannte ‚Negation der Negation', um zu einer neuen Position zu gelangen, die nun eine höhere ist, und die ursprünglichen Momente, Position und Negation, versöhnen sich in einem höheren Dritten, ohne sich dabei aufzulösen. Zu diesem höheren Dritten als neuer Position stößt später dann wiederum die Negation, und der Vorgang wiederholt sich. Dass dieser Prozess - gemäß Hegel - zu einer höheren Gestalt des Geistes fortgeht, ist wesentlich. Hier ist eine Höherentwicklung programmiert, die zugleich auch eine solche des Menschen ist, dessen Wesensmerkmal der Geist ist. So erreicht der Mensch ein höheres Reifestadium, das im Gefolge der Höherentwicklung des Geistes sich vollbringt. Die Menschheit wird sich aus den niederen Formen, die noch stärker von naturhaften, unwillkürlichen Emotionen beherrscht sind, mehr und mehr lösen und zu höheren Formen aufsteigen - und entsprechend Gewalt und Krieg gegen ihresgleichen zu unterbinden lernen.

Zu den hier genannten rein formalen und abstrakten Prozessbeschreibungen fehlen natürlich die logischen Inhalte, die Begriffsbestimmungen, in denen sich die Prozesse im Einzelnen abspielen, die Hegel in seiner Logik darstellt. Darauf kann hier verzichtet werden. Es geht nur darum, aus der Theorie Maßstäbe für die Praxis zu gewinnen, für die Praxis etwa der Staatengemeinschaft, in der zwischen Krieg und Frieden entschieden wird. So kann beispielsweise die aus der spekulativen Dialektik gewonnene Einsicht, dass Gegensätze keine festen Größen sind, sondern sich dank der Natur des Geistes annähern, vermitteln und schließlich versöhnen, die Gewissheit gewonnen werden, dass jeder Konflikt eine angemessene Lösung hat, ohne Krieg und ohne Gewalt. Die Gegensätze selbst enthalten in sich ihre Lösung, nur muss diese im Denken nachdrücklich gesucht werden.

Wenn aber das erwiesen und verstanden ist, sind gewaltsame und kriegerische Auseinandersetzungen völlig unnötig, überflüssig, mit anderen Worten, jeder Krieg ist prinzipiell unnötig und überflüssig. Krieg wäre so gesehen ein Defizit an gedanklichem Durchdringen einer bestimmten Konfliktsituation. Dieses Defizit besetzen dann ganz unmerklich die Emotionen. Zu den Emotionen gehören Hass, Rache, Überheblichkeit, Selbstherrlichkeit, Angst, Gier, Habsucht. Sie alle verdrängen Vernunft

Aus dem dialektischen Wissen ergibt sich jedoch auch das Bewusstsein, dass Gegensätze und auch Widersprüche oder eine ‚Entzweiung', wie Hegel gelegentlich sagt, unumgänglich und notwendig sind, weil die dialektische Natur des Geistes sie veranschlagt. Der Geist kann nicht stehen bleiben in Formen, die der Wahrheit nicht mehr entsprechen.. Deshalb setzt Widerspruch ein, will sagen, Zweifel treten auf an der Richtigkeit und Wahrheit eines bestimmten Wissens. Diese Zweifel bringen Unruhe und Bewegung, auch Kampf mit sich, es ist das, was wir als Forschung und Fortschritt in Wissenschaft und Kultur kennen. Der ‚Natur' des Geistes nicht folgen zu wollen, würde von geistiger Enge zeugen. Andererseits kann aber auch ein kurzsichtiger Fortschrittsglaube, der den ‚Umweg des Geistes' nicht mitgehen will, zu leichtfertiger Neuerungssucht führen. Viel eher sollte der Mensch dem folgen, was der ‚Logos' gebietet, auch wenn Mühe gefordert ist oder die „Anstrengung des Begriffs", wie Hegel sagt. Dass solche Entzweiung als Schritt der Negation aber wiederum nach Negation verlangt, eine ‚Negation der Negation', um zu neuer Position zu kommen, sodass der Geist von der Negation zur Vermittlung ‚fortgeht' und Versöhnung sucht, ist die zweite Grundbewegung des Geistes nach der Entzweiung. Sie ist ‚das Spekulative'. – Diese Bewegungen des Geistes wollen mit Geduld und Scharfsinn nachvollzogen werden, ‚mit Geduld' heißt hier auch warten können, bis die nötigen Begriffe sich einstellen, ohne sich von Emotionen beunruhigen zu lassen und etwa hastig sich auf die Seite schnell fertiger Lösungen zu werfen. Die Abschaffung des Krieges ist damit eine schwere Denkaufgabe, elementarer noch und fundamentaler als etwa das Rechtsdenken, das auf einem vorhandenen Rechtsbewusstsein aufbaut. Ist aber diese Grundlage nicht ausreichend gegeben, dann laufen Rechtssatzungen ins Leere, sie werden unterlaufen und büßen ihre allgemeine Geltung ein. Hier können dialektisch-spekulative Denkoperationen einen Grund legen, der ein tragfähiges Wissen schafft.

Das Wissen aber, dass Kriege überflüssig und unnötig sind, schützt natürlich nicht vor Aggressionen von außen. Hier muss eine gut instruierte Verteidigung zu angemessenen Mitteln greifen, solange der Aggressor nicht zur Vernunft gekommen ist und solange es überhaupt noch reale und potentielle Aggressoren gibt. Solange gilt hier noch das altrömische „si vis pacem, para bellum". Krieg ist eben erst wirklich aus der Welt zu schaffen, wenn Aggression und Kriegswesen aus den Hirnen verbannt sind, wenn die Dialektik der Gegensätze begriffen und verinnerlicht ist, wenn die ‚internationale Integration' sich etabliert hat, wenn Religion die Menschen einander näher gebracht und ihr Denken auf Transzendenz hin erhöht hat, es dem bloß Endlichen enthoben und ihm den Horizont des Unendlichen in neuer Weise geöffnet hat, sodass die Sprache der Waffen überflüssig wird. Sie gehört dann der Vergangenheit an.

Noch einmal konkret: Was geschieht - philosophisch gesehen - wenn irgendwo in der Welt Krieg entbrannt ist? Stehen sich da nicht Positionen gegenüber, die sich gegenseitig verneinen? Zweifellos. Die Positionen sind so verhärtet, dass sie nicht mehr vermittelt werden können. Ihr Nicht-Können ist ihr Versagen. Ihre Sprache verstummt. Ihr Denken erstarrt. Die Kontrahenten erachten ihre Gegensätze als unvereinbar, oft durch laute Propaganda hinausposaunt, die übertönen soll, was Vernunft insgeheim ansagt. Dahinter steht meist ein mehr oder weniger verstecktes Begehren nach Land und nach Ressourcen - oder man sieht sich vom je anderen, vom ‚Feind', bedroht oder will sich so sehen. Die Positionen - ob ideologisch, politisch, rechtlich, religiös geprägt, oder wie immer - sind verengt und die Menschen in ihrem eigenen Ego so befangen, geradezu als wären sie von sich selbst und ihrem Drang nach Macht in Gefangenschaft genommen, aus der sie nicht mehr herauszukommen wissen, außer mit Gewalt. Wenn aber Gewalt die ultima ratio ist, dann müssen eben die Waffen sprechen, die bekanntlich eine todbringende Sprache an sich haben. Die Menschen sind über die Grenzen ihrer jeweiligen Positionen – politischer, religiöser, sozialer, kultureller oder anderer Art - hinweg sprachlos geworden, sie können die anderen nicht mehr verstehen, nicht als ihresgleichen anerkennen, nicht achten und respektieren, können ihre Gegensätze nicht mehr vermitteln und wollen es auch nicht, Hass und Rachegefühle oder Habsucht nehmen einen alles beherrschenden Rang ein. Sie, die so denken, sind die allein Guten und Gerechten, die anderen aber die Bösen und Schlechten, die bekämpft und auch getötet werden müssen, und man nimmt in Kauf, selbst getötet zu werden. Eine regelrechte Lizenz zum Töten wird eröffnet, das in Friedenszeiten geltende Tötungsverbot wird aufgehoben.

Man kann jene Lizenz zum Töten als einen Rückfall in den Naturzustand bezeichnen. Andererseits ist aber der mit Waffen geführte Krieg selbst - wie gezeigt - ein Produkt der Kultur – (auch Technik ist Kultur!) - die gerade den Naturzustand zu überwinden sich bemüht. So ergibt sich eine paradoxe Situation: Mit Hilfe von Kulturerzeugnissen fällt man zurück in den Naturzustand. Diese Paradoxie hat die Menschheit über Jahrtausende hingenommen und ertragen. Immer wieder sind Aggressoren aufgetreten, die diese Paradoxie sich zunutze machen konnten:

Mit immer besseren Waffen in immer schlimmere Barbarei!

Wer sich stark fühlte und günstige Bedingungen vorfand, griff an. Und das Kämpfen und auch das Sterben war durchaus mit Ehre und Tugenden belegt, - oder soll man sagen: verbrämt? Mut und Tapferkeit, Geschicklichkeit und Wendigkeit, Ausdauer, Zähigkeit und Furchtlosigkeit wurden von den Kämpfern gefordert und zeichneten sie auch vielfach aus.

Was hat sich eigentlich Alexander der Große gedacht, der wohl bedeutendste Eroberer der Weltgeschichte, was waren seine Motive, als er 334 vor Christus zum Angriff auf Persien auszog - er, der Schüler des großen Philosophen Aristoteles?

Der Zug Alexanders nach Persien sollte ein Siegeszug ohne Beispiel in der Geschichte werden. Er war als ‚Rachekrieg' ausgelegt, Rache für die Tempelschändungen der Perser in Hellas während der Perserkriege. Was aber wollte Alexander über diesen Vorwand hinaus wirklich?

Wollte er nur sein strategisches Genie ausleben, um Ruhm zu erlangen, war ihm das Erringen makedonisch-griechischer Weltmacht ein so hohes Ziel, dass Opfer keine Rolle spielten? Waren Opfer, die jeder Krieg nun einmal fordert, überhaupt ein Argument gegen den Krieg? Oder galt es vielmehr, der Übervölkerung Griechenlands ein Ventil zu verschaffen? Oder hatte Alexander vielleicht gleich zu Anfang die Idee eines makedonisch-griechisch-persischen Welt- und Friedensreiches im Hinterkopf? Freilich, adäquate geographische Vorstellungen von der Ökumene konnte man damals noch nicht haben. Aber der Gedanke, die Welt müsse vereint sein unter einem Herrscher, der die unaufhörlichen und mörderischen Kleinkriege einzelner Völker unterbindet – ein verlockender Gedanke. Frieden – so wollte man glauben - wird dann allenthalben herrschen unter den Völkern der Erde und Kultur werde sich entfalten. Ansätze zu einer solchen Politik hat es bei Alexander tatsächlich und nachweislich gegeben. Sein früher Tod hat hier jede weitere Entwicklung verhindert. Seine Nachfolger, durchaus fähige Feldherren, aber ohne die Genialität Alexanders, haben das Riesenreich in eine Abfolge von Diadochen-Kriegen gestürzt, in denen sich das Griechentum selbst verzehrte.

Krieg war und blieb ein so selbstverständliches Mittel der Politik, dass an ein Friedensreich kaum noch gedacht werden konnte. Gedacht haben die Diadochen, die sich in immer neuen Koalitionen gegenseitig bekämpften, nur an ihre eigene Macht, ein Frieden war nicht mehr möglich. Die Diadochenkriege währten Jahrhunderte.

Und immer bleibt die Frage: Wie hätte man denn je einen Aggressor von seinem Vorhaben abbringen sollen, wenn nicht mit Gewalt? Man kannte eben nichts anderes mehr als Rüstung zum Krieg. War diese aufgebaut, fühlte man sich wieder stark genug zum Angriff. Und dann tobte der Krieg wieder bis zur Erschöpfung. Die Machthaber wechselten, Grenzen wurden immer wieder neu gezogen, aber nichts änderte sich wirklich, - bis die Römer dann die erschöpften und ausgebluteten Diadochenstaaten einen nach dem anderen kassierten.

Eine ganz neuzeitliche und doch seltsame Idee suchte den Krieg abzuschaffen. ‚Die Waffen nieder' war ihr Schlachtruf nach dem Titel des Buches von Bertha von Suttner. Gemeint war die grundsätzliche Weigerung, Waffen zu gebrauchen, auch nicht zur Verteidigung.

Hätte sich aber je ein Aggressor davon beeindrucken lassen, hätte er ein Einsehen gehabt und vom Krieg abgelassen? Tatsächlich hat diese Idee des Pazifismus seit dem 19. Jahrhundert einige Anhänger gefunden, die eben darauf fußt, dass im Aggressor noch ein Fünkchen Menschlichkeit, noch ein Rest von Gerechtigkeit glüht, dass er schließlich von seinem Vorhaben Abstand nimmt.

Aber solche vagen Hoffnungen können nur dann sich erfüllen, wenn der Aggressor einem bestimmten Kulturkreis mit ausgeprägtem Rechtsbewusstsein angehört und sich schämt, unfaire Gewaltakte Unbewaffneten gegenüber zu inszenieren, wie etwa die Engländer in Indien, die den Indern, die längere Zeit mutig und tapfer passiven Widerstand geleistet hatten, die politische Freiheit nicht länger vorenthalten konnten und sich 1947 aus der Kolonie zurückzogen. Die Lage der Engländer war eben moralisch unhaltbar geworden.

Sonst aber und in den meisten Fällen bleibt es beim Krieg, ohne Rücksicht auf pazifistische Illusionen. Die Chinesen beispielsweise haben bis heute die friedfertigen Tibeter nicht geschont. Sie wurden terrorisiert, ihre Kultur zerstört, das Land besetzt. Die Chinesen sehen bis heute keinen Grund, das Land zu räumen. Sie betrachten Tibet als ihren angestammten Besitz. So triumphiert eben stets der übermächtige Sieger.

Offenbar gibt es für den Menschen nichts Schöneres, als Macht auszuüben, und diese ist vor allem auch durch Krieg und Gewalt zu erwerben. Deshalb, so scheint es, musste immer wieder Krieg sein. Der Sieg ist dann der verdiente Lohn, als sei er ein Geschenk des Himmels. Der Krieg selbst ist eine tief verwurzelte Institution, eingegraben in die Denk- und Tatwelt der Menschheit seit ihrer Frühzeit, - seit unvordenklichen Zeiten. Einzig und allein mit dem Aufkommen der modernen Massenvernichtungsmittel ist unaufschiebbar ein Umdenken geboten, ein Umdenken, das eine Zäsur von allergrößter Bedeutung erbringen muss und erbringen wird. „Wenn es je eine Zeit gab, wo die Selbstbesinnung das unbedingt Nötige und einzig Richtige war, so ist es unsere gegenwärtige katastrophale Epoche." (C.G.Jung; Werke 7,4)

Dass aber der an sich vernunft- und sprachbegabte Mensch in eine derartige mörderische und selbstherrliche Phase psychischen Verhaltens versinken und sich verirren konnte, wo zugleich die zwischenmenschliche und zwischenstaatliche Sprache erstarrt, wäre eigentlich äußerst verwunderlich, wenn nicht die uralte Gewohnheit des Kriegführens das Verwundern hierüber schon längst verdorben hätte. Deshalb musste immer wieder Krieg sein, weil das Denken sich in bestimmten Situationen nicht über ein Freund – Feind –Denken erheben konnte und das immer wieder auf die Sprache der Waffen hinauslief.

Man denke nur an die Ermordung des österreichischen Thronfolgers und seiner Gemahlin im Juni 1914 in Sarajewo. Eine einzige Mordtat führte zu einem vierjährigen Morden europäischer Völker! Im Grunde unbegreiflich. Lang aufgestaute politische Spannungen fanden keine andere Lösung als den Einsatz industriell hergestellter Waffen. Aber man wusste eigentlich noch gar nicht, worauf man sich einließ, denn die Wirkung neuer Waffensysteme war noch nicht recht vorstellbar. Als dann der Krieg einmal entfacht war und immer mörderischer wurde, gab es kein Zurück mehr. Und nach einem in Europa noch nie da gewesenen gegenseitigen Abschlachten – die zahllosen Kriegsgräber legen heute noch ein trauriges Zeugnis davon ab - fand man zu nichts anderem als zu einem Frieden, der keiner war, denn er enthielt den Keim zu einem nächsten Krieg in sich, - nur diesmal noch verheerender, noch mörderischer. Und zu allem Überfluss übertrug sich das Morden auch noch auf unbewaffnete Zivilpersonen, die unter staatlichem Terror und ethnischen Säuberungsaktionen einerseits und einem entfesselten Bombenterror andererseits zu leiden hatten, als ob solche Aktionen mit Millionen von Opfern einen echten Gewinn hätten bringen können. War man denn in Europa von allen guten Geistern verlassen? Waren die ‚guten Geister' alle tot?

Da klingen doch insgeheim die Worte Nietzsches an: „Wir haben Gott getötet! Wie trösten wir uns, die Mörder aller Mörder – wer wischt dies Blut von uns ab?" - So folgte dem ‚Tod Gottes' dann unverzüglich der millionenfache Mord an den Menschen. Wer wollte da noch einen Zusammenhang leugnen! Denn nun, nach dem ‚Tod Gottes' war auch das Gewissen tot und es dominierte nur noch der blanke Machtwille – ‚und nichts außerdem!' (Nietzsche).

Wir wollen aber trotzdem versuchen, jene Starre des Denkens zu analysieren und aufzulösen, zu ‚verflüssigen'.

Hegel übernimmt - wie schon gesagt - den aus der Antike stammenden Begriff der Dialektik. Für ihn ist diese kein bloß äußeres und formales

Verfahren, sondern „der Gang der Sache selbst", dem der Denkende eigentlich nur zuschaut. Er schaut zu, wie die Denkbewegungen sich abspielen. Dieses dialektische Verfahren ist das Herz der Hegelschen Philosophie. Das Fortschreiten vom Negativen zum Positiven kennzeichnet sie als ‚spekulative Dialektik', wobei das Spekulative das Zusammenfassen des Entgegengesetzten in seiner Einheit bedeutet. Da der Geist nie stille steht und immer fortgeht vom Negativen zum Positiven und umgekehrt, sieht er in dieser Bewegung die ‚immanente Entwicklung des Begriffs' oder ‚die absolute Methode des Erkennens'. Es ist die ‚Selbstbewegung des Geistes' oder der sein Wesen denkende Geist. (Hegel, Logik I; Ausg. Lasson, 6f).

Hegel sucht mit seiner Logik einen Bereich, in dem die konkreten Interessen des Begehrens, die Triebe des Willens schweigen. Und diese Interessen schweigen dort, ‚wo das in den stillen Räumen des zu sich gekommenen und nur in sich seienden Denkens' sich entfalten kann. Die hier schweigenden Interessen sind solche, welche das Leben der Völker und Individuen bewegen. (Hegel, Lg. I. 12). „Bleiben wir in den Besonderheiten der Interessen befangen, gelangen wir nicht zur Allgemeinheit, in der wir unsere Freiheit haben, vielmehr werden wir von den Interessen beherrscht". In dieser Befangenheit wird ein wirklicher Frieden unter den Völkern nicht realisierbar sein, weil immer wieder Interessenkonflikte die Szene beherrschen.

Nun sind kriegerische Konflikte in der Tat Interessenkonflikte. Zu ihrer Schlichtung müssten die Kontrahenten Abstand gewinnen von ihren je eigenen Ansprüchen und diejenigen des Anderen mit bedenken in dem Sinne, dass der Feind zum Partner wird, indem die Gegensätze gewaltlos austariert werden. Für gewöhnlich sind die Kontrahenten damit überfordert. Deshalb setzen sie auf Sieg und Unterwerfung. Von diesen Interessen sich zu lösen, oder, wie Hegel es nennt, ‚sich zu reinigen' und damit zur Freiheit sich zu erheben, die zugleich Frieden bedeutet – ‚dies ist das höhere logische Geschäft'.

Wir wenden nun diese Gedankenfolge auf das ‚Leben der Völker und Individuen' an und begreifen jenes höhere logische Geschäft als das Frieden sichernde Geschäft. Dazu ist freilich ein unparteiisches Urteil nötig. Aber jeder der Kontrahenten ist immer auf dem Sprung, seinen Interessen den Vorzug zu geben und ist selten unparteiisch. Deshalb nannte Hegel in diesem Rahmen die Funktion eines Prätors, den es im alten Rom gab und der das gleiche ‚imperium' hatte, die gleiche Befehlsgewalt wie ein Konsul. Eine solche Einrichtung aber fehlt uns und kann es unter souveränen Staaten nicht geben. Nun hatten die Siegermächte unter amerikanischer Federführung nach dem Ersten Weltkrieg den Völkerbund gegründet, – wenn man so will als Ersatz für einen Prätor - der den Krieg zur gemeinsamen Sache des Bundes machte, dem einzelnen Staat aber das Kriegführen verbot. Der Völkerbund trat 1920 in Kraft. Der amerikanische Senat aber hatte aus innenpolitischen Erwägungen den Beitritt abgelehnt, sodass Frankreich die dominierende Macht des Bundes wurde. Dieser wurde aber dadurch praktisch zum Erfüllungsgehilfen der französischen Ansprüche. Dennoch wurde im Jahre 1928 unabhängig vom Völkerbund der Kellogg-Pakt unterzeichnet, dem 54 Staaten einschließlich Amerikas beitraten. Der neue Pakt ächtete den Krieg und sollte den Frieden sichern. Aber die Mitglieder brachten es fernerhin nicht fertig, den Bund wirksamer auszugestalten, ihm ‚Zähne einzufügen'. (H.Schlüter,1966; 45). Schließlich konnte er den Ausbruch des Zweiten Weltkrieges nicht verhindern.

Nach dem Scheitern des Völkerbundes wurden 1945 die Vereinten Nationen gegründet, um im Konsens der Nationen gerechte Lösungen für Konflikte zu finden und den Weltfrieden zu wahren, um ‚künftige Geschlechter vor der Geißel des Krieges zu bewahren'. Die Vereinten Nationen haben in ihrer bisherigen Geschichte seit 1945 viel geleistet, um den Frieden in der Welt zu sichern. „Sie bieten durch das Potential an internationaler Zusammenarbeit in ihren Gremien ein unverzichtbares Forum der gemeinsamen Weltpolitik". (Volger, 1995; 234).

Aber dieses Weltgremium krankt bis heute trotz aller Verdienste an vielen Schwächen. So kann beispielsweise ein einziges ‚Veto' einen Beschluss des Sicherheitsrates und damit eine beschlossene Aktion der Vereinten Nationen völlig lahm legen. Bei internationalen Streitigkeiten kann der Sicherheitsrat immer nur Empfehlungen aussprechen. Die Vereinten Nationen können nur wirksam sein, wenn die souveränen Staaten es wünschen und anerkennen, dass der Sicherheitsrat in ihrem Namen handelt. Wenn aber auch nur ein einziger Staat die Empfehlungen nicht beachtet, kann der Sicherheitsrat nichts weiter tun, - es sei denn, der Streit wird zu einer ernsten Bedrohung des Weltfriedens. Dann ist satzungsgemäß Intervention bis zur Gewaltanwendung möglich. - Aber es ist wohl nicht zuviel behauptet, wenn man sagt, dass die Vereinten Nationen weit davon entfernt sind, ein vollkommenes Instrument zur Wahrung des Weltfriedens und der internationalen Sicherheit zu sein. Dennoch sind die Vereinten Nationen eine Art ständiger Diplomatenkonferenz, die nur dann Erfolg hat, wenn sie in ihrer Methode - gemäß Dag Hammerskjöld - konsequent ist, - in der „Diplomatie der Versöhnung". (vgl. Schlüter, 384f.).

So spannt sich ein Bogen von der oben kurz skizzierten Philosophie der Versöhnung zur Diplomatie der Versöhnung. Versöhnung zu schaffen – das ist die große Aufgabe unserer Zeit.

Nochmals muss darauf hingewiesen werden, dass bloße juristisch-institutionelle Vereinbarungen und Verträge, so wichtig sie sind, allein den Weltfrieden nicht garantieren können. Es bedarf noch einer ideellen Grundlage zum Überleben der Menschheit – wie Friedrich Berber im Vorwort zum Band III seines Völkerrechts betont - einer internationalen Ethik, die über alle ideologischen und sonstigen Differenzen hinweg ein Minimum an Gemeinsamkeit aufweist. Dieses Minimum existiert. Es ist - wie oben in Kapitel IV gezeigt – als Weltethos in den Weltreligionen prinzipiell vorhanden, versteckt freilich wie ein tief liegendes Erz, das aus seiner Verborgenheit zu Tage gefördert sein will. Ein allgemein verbindliches Weltethos könnte die Basis eines immerwährenden Weltfriedens sein. Daran gilt es zu arbeiten. Das Weltethos birgt das Geheimnis des immerwährenden Friedens.

VI. Verteidigung als Wehr-Macht

> Wer einen Drachen bekämpft,
> wird selbst zum Drachen.
> (Nietzsche)

Wer sich verteidigt mit militärischen Mitteln, will sich schützen vor feindlichen Angriffen. Aggression muss einerseits drohen und auf der anderen Seite der Wille bestehen, sich der Aggression nicht zu unterwerfen. Schwer zu sagen, warum überhaupt Aggression sein muss. Offenbar scheint es zum Wesen des Menschen zu gehören, Gewalt anzuwenden, um fremdes Gebiet zu erobern, zu rauben und zu plündern oder gar nur sinnlose Zerstörungswut auszutoben. Fragt man nach den Ursprüngen und Anfängen dieses merkwürdigen Gebarens, greift man bald ins Ungewisse. Nach unseren Kenntnissen waren die ersten großen Aggressoren der Weltgeschichte die Streitwagenvölker. Ihre Herkunft ist unsicher. Der zweirädrige Streitwagen war eine leichte Holzkonstruktion, von dem aus Männer kämpften, die den Gebrauch des ‚Reflexbogens' beherrschten. Über 3000 Jahre blieb diese Ausrüstung unverändert. „Die Streitwagenvölker entdeckten um die Mitte des 2. Jahrtausends vor Christus, dass die Menschen, die besiedeltes Land verteidigten, sich gegen ihre aggressiven Methoden nicht zur Wehr setzen konnten." Sie konnten die Bewohner des Zweistromlandes und Ägyptens straflos heimsuchen, und sie taten es ohne Einschränkung. Nach ihrer Kampfmethode konnten „innerhalb von zehn Minuten 500 oder mehr durch keinerlei Rüstung geschützte Krieger durchbohrt werden". Die Streitwagenvölker waren ihrem Wesen nach Zerstörer. Ägypter und Assyrer und später auch andere Völker lernten von ihnen die Geheimnisse dieser Kampftechnik. (vgl. Keegan, Kultur des Krieges, 250ff).

Gegen aggressive Gewalt sich zur Wehr zu setzen, ist immer noch ein unerlässliches Gebot. Es wird von den Vereinten Nationen als ein „natürlich gegebenes Recht" angesehen. Nach Artikel 51 der Satzungen berührt dieses Selbstverteidigungsrecht in keiner Weise die Pflichten zur Wahrung des Weltfriedens. Zwar geht das Sicherheitssystem davon aus, dass Kriege nicht erlaubt sind. Da aber Aggressionen immer möglich sind, musste der Selbstverteidigung eine angemessene Berechtigung eingeräumt werden. Was aber soll geschehen, wenn ein angegriffener Staat pflichtgemäß dem Sicherheitsrat Bericht erstattet, dieser aber sich nicht zum Eingreifen entschließen kann oder durch das Veto eines Staates handlungsunfähig geworden ist? Dann triumphiert wohl der Aggressor.

Die souveränen Staaten als Mitglieder der Vereinten Nationen müssen aber, wollen sie Aggressionen verhindern, bereit sein, im Notfall das Risiko eines Krieges auf sich zu nehmen, denn ein Aggressor muss auf die geballte Macht aller Staaten stoßen. Und sie müssen bereit sein, auch Verluste in Kauf zu nehmen, wenn sie beispielsweise einen kleinen Staat vor einem mächtigen Aggressor schützen wollen.

Der Angriff Nordkoreas auf Südkorea im Jahre 1950 war eindeutig eine Aggression. Die Aggression konnte durch das Eingreifen der USA und der Kräfte des kollektiven Sicherheitssystems abgewehrt werden, aber nur, weil die sowjetischen Vertreter infolge Abwesenheit ihr Veto nicht einlegen konnten. (vgl.Schlüter,332) Sonst hätte auch hier wohl der Aggressor triumphiert – und die UNO in ihren Friedensbemühungen versagt.

Aggression triumphierte auf dem Balkan, wo Kriegsverbrechen und selbst Genozid verübt werden konnten, ohne wirksame Gegenwehr. Als schließlich 1992 die NATO intervenierte, konnte sie die entfachte Kriegsfurie nicht mehr bändigen, sie konnte das Morden nicht stoppen, das bis 1995 andauerte. „Es war der brutalste Bürgerkrieg nach dem Zweiten Weltkrieg. Er wurde zum Inbegriff eines Krieges der ethnischen Säuberung."

Die Serben hatten für die vertriebenen Bosnier Internierungslager angelegt, die sich kaum von den Konzentrationslagern der Nazis unterschieden. Als die ostbosnische Stadt Bjeljina , die praktisch ohne Verteidigung war, von einer kleinen serbischen Einheit betreten wurde, erfolgten grausame Morde an der Zivilbevölkerung. Als die Serben fertig waren, waren 20000 Moslems entweder geflohen, ins Lager gebracht oder abgeschlachtet worden. (vgl. Dollinger, Schwarzbuch, 490f).

Noch ein weiteres Beispiel soll zeigen, dass, wenn keine energische Verteidigung erfolgt, wenn der Wille, sich zu wehren, erlahmt, das Verbrechen freien Lauf nimmt. Verteidigung hätte zudem den Aggressoren dazu verhelfen können, keine oder nicht ganz so schwere Verbrechen zu begehen und vielleicht nicht so schwere Schuld auf sich zu laden, für die sie später sich verantworten und büßen mussten. Ein Bericht soll das deutlich machen.

„Zum Schutz der moslemischen Enklave Srebrenica waren noch im Juli 1995 niederländische Blauhelm-Soldaten dort stationiert worden. Sie hätten verhindern können, was dann in Srebrenica geschah: der größte Massenmord, das schlimmste Kriegsverbrechen auf europäischem Boden seit dem Zweiten Weltkrieg. 8000 moslemische Männer wurden von den Mordkommandos der Serben abgeschlachtet und in Massengräbern verscharrt, die erst später entdeckt wurden. Jahre später stellte sich der Kommandeur der holländischen Blauhelme der Presse und sagte:

‚Fünfmal habe ich Luftunterstützung angefordert. Und fünfmal war die Antwort Nein. Eine Liste mit 50 Stellungen der Belagerer habe ich ans Hauptquartier übermittelt. Doch der französische General Janvier, Oberbefehlshaber der UN-Schutztruppe, sah keinen Grund zum Handeln. Ich weiß nicht warum, vielleicht gab es Absprachen mit den Serben.' (Dollinger,497)

Warum die UNO als Weltfriedensorganisation so grandios versagen musste, bleibt ihr Geheimnis. Nur wenn die internationale Gemeinschaft präventiv eingegriffen hätte, hätte sie die Tragödien verhindern können. Offenbar konnte sie es nicht, - aus Schwäche. Es fehlte ihr eindeutig an Wehr-Macht. Dass aber eine energische Verteidigung dem Aggressor selbst – wie schon gesagt - ungewollt einen Dienst erweisen kann, indem sie schwere und unverzeihliche Verbrechen zu begehen massiv erschwert - diese Logik scheint in den Köpfen noch keinen Eingang gefunden zu haben, die Forderung nämlich, im Feind auch den Menschen zu sehen, ein Geschöpf Gottes, dem man Achtung und Respekt schuldet und ihn auch – wenn möglich – vor sich selbst schützen muss. Prinzipiell ist das geltende Kriegsrecht auf Minimierung von Gewalt und Grausamkeit angelegt. So wäre es wohl auch ein Akt der Menschlichkeit gegenüber einem möglichen oder wirklichen Aggressor, ihm rechtzeitig das Handwerk zu legen und die zu erwartenden Verbrechen im Keime zu ersticken. Aber wer wollte schon das Risiko einer Intervention gegen noch nicht begangene Verbrechen eingehen? Sind sie aber begangen, ist es zur Intervention meist zu spät. So konnte die NATO im Kossovo-Krieg, wie gesagt, das Morden nicht mehr stoppen.

Auf der anderen Seite ergibt sich aus der Verteidigung heraus ein neues Dilemma. Ist sie unerwartet erfolgreich, erfolgreicher noch, als man ursprünglich erwartet hatte, kann sie leicht umschlagen ins Gegenteil und ihrerseits unversehens und bedenkenlos in Kriegsverbrechen ausarten. Dies soll unser nächstes Thema sein. Gemeint ist der Bombenkrieg im Zweiten Weltkrieg. Diese Ereignisse, jetzt schon Geschichte, müssen im Rückblick unter die Lupe genommen werden, weil sie die menschliche Unfähigkeit bezeugen, aus einem einmal entbrannten Kriegsgeschehen herauszutreten und Frieden zu schließen oder auch nur eine Verteidigung auf eine Verhältnismäßigkeit zwischen eingesetzten Mitteln und dem gesetzten Ziel zu begrenzen. Das wäre zwar vernünftig, aber Vernunft ist in der Hitze des Krieges nicht gefragt. „Die Angst vor dem Bösen", sagt der Psychologe C.G. Jung, „das man dem anderen zutraut und bei sich geflissentlich übersieht, fällt allerorts der Vernunft in den Arm". Und er sagt weiter: „Die Vernunft hat bis jetzt kläglich versagt, und gerade das, was alle vermeiden wollen, geschieht in schauerlicher Progression." (Grundwerk 2,249).

Emotionen dominieren. Verteidigung kann sich zum Gegenkrieg steigern, sie wird zur Aggression gegen die Zivilbevölkerung, was eindeutig völkerrechtswidrig ist. Als die schlimmsten Katastrophen, die die Zivilbevölkerung über sich ergehen lassen musste, werden immer an erster Stelle und zu Recht Hiroschima und Dresden genannt. Ein Inferno war das eine wie das andere. Aber das genügt nicht, es genügen auch nicht nachträgliche und demonstrative Selbstbezichtigungen im Sinne von ‚mea culpa'(ich bin doch selbst an allem schuld), wenn man die gesamte Strategie richtig bewerten will.

Es ist richtig, dass die Aggression im Zweiten Weltkrieg von Deutschland und Japan ausgegangen ist. Das ist keine bloße Selbstbezichtigung. Der Krieg wurde von ihnen eröffnet. Gegen Aggressoren sich zur Wehr zu setzen, ist rechtens, ohne Zweifel. Und die Aggressoren haben Unrecht und Kriegsverbrechen begangen, die eindeutig völkerrechtswidrig sind, ohne Zweifel. Nach geltendem Kriegsrecht ist es nach wie vor untersagt, „unverteidigte Städte, Dörfer, Wohnstätten oder Gebäude, mit welchen Mitteln es auch sei, anzugreifen oder zu beschießen".(HLKO,Art. 25).

Wenn nun der Aggressor das Recht verletzt und gar Kriegsverbrechen begeht, hat dann der Verteidiger das Recht, auf gleiche Weise Recht zu brechen und Kriegsverbrechen zu begehen? Die Frage, wer angefangen hat, das geltende Kriegsrecht zu missachten, wird immer an erster Stelle vorgebracht. Die Gegenfrage aber muss auch gestellt werden dürfen: Erwirbt der unrechtmäßig Angegriffene damit das Recht, das ihm angetane Unrecht mit den gleichen Mitteln zu vergelten? Tut er es, wird er in gleicher Weise zum Rechtsbrecher. Tut er es mit noch weit verheerenderen Mitteln, umso schlimmer für ihn. Wollte er doch eigentlich sich nur gegen einen vermaledeiten Drachen verteidigen, so ist er dann unversehens selbst zum Drachen geworden.

So wurde der Bombenkrieg neben der Flucht und Vertreibung aus den deutschen Ostgebieten die größte Katastrophe auf deutschem Boden seit dem Dreißigjährigen Krieg. Mehr als 1000 Städte und Ortschaften wurden in Schutt und Asche gelegt, über 750000 Zivilpersonen fielen in Deutschland dem Bombenterror zum Opfer. „Die Ortsbewohner kämpften um ihr Überleben, aber bekämpften selbst niemanden", wie es nur Kombattanten zusteht. Sie waren als Nicht-Kombattanten dazu weder willens noch gerüstet, und es existierte bis dahin auch kein Kriegsbrauch, der sie einer Waffengewalt aussetzte. (Vgl. Jörg Friedrich, Der Brand;63).

Wohl hatten die Deutschen von der französischen Kanalküste aus Städte Süd- und Mittelenglands angegriffen, wobei bis März 1941 30000 Personen getötet wurden. Der Historiker Jörg Friedrich meint dazu: „Eine Schwelle der Neuzeit war überschritten, hinter die bisher kein Weg zurückführte"(69), will sagen, die Verletzung festgesetzten Rechts ist nur schwer wieder rückgängig zu machen. Rache und Vergeltung beherrschen das Denken, oder, anders gewendet, man wird von diesen Emotionen beherrscht und kennt nicht im Geringsten irgendwelche Reue, man sieht sich geradezu genötigt, Rache und Vergeltung zu üben und kommt so über das prähistorische Blutrache-Denken nicht hinaus.

Die deutschen Luftstreitkräfte waren aber für ein großflächiges Bombardement nicht ausgerüstet. Sie waren nur als taktische Waffe zur Bodenunterstützung geschaffen, einen strategischen Bomber, der ganze Flächen hätte abdecken können, gepanzert und bewaffnet, haben sie nie besessen. Und demgemäß ist „eine vorsätzliche Bombardierung ziviler Ziele den deutschen Luftwaffenakten nicht zu entnehmen. Es wurden Flugplätze, Flugzeugwerke, Docks, Hafenanlagen, Werften zerstört" (Friedrich, 70ff)

Die Briten rechneten anders. So hatte der Air-Force-Stab 1941 ausgerechnet, dass mit 4000 Bombern und einem Abwurf von monatlich 60000 Bomben, dem Zehnfachen des Bisherigen, 43 deutsche Städte mit je über 100000 Einwohnern zerstört werden könnten. Darin wohnten 15 Millionen Zivilisten. Dadurch sei Deutschland binnen sechs Monaten in die Knie zu zwingen, allein durch ‚Auslöschung des Widerstandswillens der Deutschen'. (J. Friedrich, Der Brand; 83). Dieses Projekt wurde später noch erweitert und ab Februar 1942 zur britischen Strategie erhoben. Die dichtestbebauten Stadtgebiete wurden dem Bomber Command als Angriffsobjekte zugewiesen. „Es ist entschieden, dass das Hauptziel Ihrer Operation jetzt auf die Moral der gegnerischen Zivilbevölkerung gerichtet sein sollte, insbesondere die der Industriearbeiterschaft", und man fügte ausdrücklich noch hinzu: „Es ist klar, dass die Zielpunkte die Siedlungsgebiete sein sollen und beispielsweise nicht Werften oder Luftfahrtindustrien." (85).

Es ist unverkennbar deutlich, was das im Klartext heißen soll: Bombenterror sollte bei der Zivilbevölkerung einen Gesinnungswandel erzeugen, der sich gegen die eigene Regierung richtet und diese gar stürzt. Es ist eine Art Geiselnahme unter dem Motto: ‚Wir werden euch solange terrorisieren, bis ihr eure Regierung stürzt'. Das ist eine Strategie, die vor Naivität nur so strotzt. Ein Aufstand gegen ein totalitäres System war praktisch unmöglich. Jede noch so geringe Widerstandsbewegung wurde mit drakonischen Strafen belegt. Jeder Einzelne war zudem nur beschäftigt mit seinem Überleben, nur um durchzukommen, und die Regierung half den Geschädigten, so gut es eben ging. Für eine regierungsfeindliche Gesinnung blieb kaum ein Gedanke, geschweige denn die Möglichkeit, Widerstand zu organisieren. Aber die Briten, die selbst noch nie ein totalitäres Regime erlebt hatten, glaubten wohl nur an ihre demokratischen Wahlzettel, als ob man ein totalitäres Regime abwählen könnte, als ob die Regierung mitten im Krieg sich nach der Stimmung im Volk richten würde. Als aber dann doch gegen Ende des Krieges am 20. Juli 1944 ein Aufstand gewagt wurde, ging er nicht aus dem vom Bombenterror malträtierten Volk hervor, sondern aus den Kreisen der obersten Heeresführung. Aber der Aufstand misslang, die Verschwörer wurden grausam hingerichtet. Die Bombarierungen jedenfalls hatten bis dahin ihr Ziel nicht erreicht und haben es auch späterhin nicht erreicht.

Aber Harris, der neue Chef von Bomber Command, glaubte an seine Mission und hat als erstes Objekt zur Verbrennung die Stadt Lübeck vorgeschlagen. „Sie beheimatete keine kriegswichtige Industrie und war deshalb schwach verteidigt. Außerdem enthielt sie einen in Fachwerk gehaltenen Altstadtkern, der leicht brannte. Das waren die Gründe für Lübecks Zerstörung: seine Lage, seine Schwäche und seine Altersschönheit."

Harris schickte in der Nacht zum Palmsonntag 1942 243 Maschinen mit 400 Tonnen Bomben, zwei Drittel davon Brandstoffe. Nach der Bombennacht waren Achthunderttausend Quadratmeter Altstadt ausgebrannt. Von den 120 000 Einwohnern ließen in dieser Nacht 320 ihr Leben, das war die bis dahin höchste Anzahl bei einer britischen Luftoffensive. (vgl.86). Die Berechnungen waren aber noch viel teuflischer: Wenn nach dem Brandbombenwurf dann noch in einem zweiten Anflug Sprengbomben abgeworfen würden, könnten sie verhindern, dass jemand löscht, und die Feuerwehr würde ausgeschaltet. So käme eine flächendeckende Feuersbrunst zustande. Diese Berechnungen waren in Lübeck aufgegangen, der Anschlag auf die Zivilbevölkerung voll gelungen.

In Köln, dem nächsten Angriffsobjekt, wollte der Flächenbrand nicht aufkommen. Köln mit seinen breiten Straßen brannte nicht so schnell. Die Flakbatterien fügten außerdem dem Angreifer 3,9 Prozent Verluste zu, seine bisher höchste Rate, die aber gerade noch ertragen werden konnte. So galt der Tausendbomberangriff als eine enorme technische Errungenschaft. Die Vernichtungskampagne war zu einem eigenen Krieg herangewachsen. Der Angriff auf Köln forderte 480 Tote und 5000 Verletzte. Die Briten beanspruchten in ihrer Berichterstattung gar 6000 Tote. Als sie aber im Hinblick auf ein Wanken der deutschen Moral immer noch keinen Erfolg sahen, forderte die Air Force unter eiskalter Berechnung fünfviertel Millionen Bombentonnen. Dann lägen 6 Millionen Wohnhäuser in Trümmern, 25 Millionen Deutsche obdachlos, 900 000 tot und eine Million schwer verletzt. Diesem Ziel fieberte man entgegen. Die Toten und Verletzten waren Gegenstand der Kalkulation.

Die Tötung der Zivilbevölkerung war gewollt - und dies war eindeutig geplanter Mord. Aber das gewünschte Resultat stellte sich sogleich nicht ein. Auch die Briten hatten Verluste hinzunehmen. Ein Vorstoß auf Schweinfurt beispielsweise hatte 16% Verluste an den eingesetzten Bombern eingebracht. „Die Bomberverluste mit Besatzungen betrugen 1943 das Fünffache des Bestandes, das Harris 1942 vorfand. Aber die Angriffsmethode wurde stets verbessert, sodass man den Abwurf pro Minute genau berechnete. So verschwand in der Nacht zum 17. März 1945 Würzburg in 17 Minuten von der Bildfläche. „Ein Heiligtum des europäischen Barock" wurde in Staub und Asche gelegt. Aber zu welchem Zweck? Dafür fehlt jede vernünftige Rechtfertigung, denn „es gab keinen Krieg mehr zu gewinnen, weil er schon gewonnen war." (Friedrich, 92). Offenbar war man in einen besinnungslosen Vernichtungsrausch geraten, voll von Hass und Rache, der seinesgleichen sucht. Man war eben selbst zum Drachen geworden.

Ab 1943 trat Amerika mit der 8. US-Luftflotte in den Luftkrieg ein. Man vereinbarte eine kombinierte Bomberoffensive beider Luftflotten. Ihr Ziel war neben kriegswichtigen Objekten „die Unterminierung der Moral des deutschen Volkes bis zu einem Punkt, an dem seine Fähigkeit, bewaffneten Widerstand zu leisten, tödlich getroffen ist".

Bemerkenswert und gar erfreulich ist, dass angesichts dieses barbarischen Mordens sich in England auch heftiger Widerspruch erhob. Offenbar war das Bewusstsein über das Unrecht der Bomberoffensive in England noch nicht ganz erloschen. So disputierte man innerhalb der anglikanischen Kirche, wo denn die Grenze dessen sei, was einem Christenmenschen noch tragbar und zuzumuten sei, von welchem Punkt an man lieber den Krieg verloren sähe als gewonnen mit Methoden, die unvereinbar seien mit dem Christentum. Die Bischöfe antworteten, dies wäre der Fall, wenn unverteidigte Städte bombardiert würden - als Prinzip und Strategie. Und der Bischof von Chichester, Dr. Bell, verkündete dem Oberhaus unter Tumult: „Die Nazimörder in die gleiche Reihe mit dem deutschen Volk zu stellen, an dem sie sich verbrecherisch vergangen haben, heißt, die Barbarei voranzutreiben."

Später griff er ebenfalls im Oberhaus die Unrechtsnatur der Waffe an, wie sie sich bis 1943 entwickelt hatte, auf die Bomber Command so stolz war. „Ich verlange", sagte der Bischof, „dass die Regierung angegangen wird wegen ihrer Politik der Bombardierung feindlicher Städte im gegenwärtigen Umfang, insbesondere hinsichtlich von Zivilisten, die Nicht-Kombattanten sind... Die Hauptinschrift auf unserem Banner ist >Recht<. Es ist von höchster Wichtigkeit, dass wir, die wir mit unseren Verbündeten die Befreier Europas sind, die Macht so nutzen, dass sie unter der Kontrolle des Rechts steht."(zit. bei Friedrich;99f).

Ein letzter Aufschrei christlichen Gewissens! Offenbar war es noch nicht ganz erloschen. Bemerkenswert aber und ungewöhnlich in einer Welt, die längst dem Nihilismus verfallen war, in der - wie Nietzsche einst verkündet hatte - ‚Gott tot' war, die ‚obersten Werte sich entwertet' hatten und nur noch der blanke Machtwille Regie führte, - mit Tod und Teufel im Bunde!

Ein Physiker im Zentrum des Bomber Command, Freeman Dyson, wusste genau: Köln war 269 mal bombardiert worden, Essen 272 mal, Düsseldorf 243 mal, Duisburg 299mal. Er bekannte später: „Ich habe mich krank gefühlt von dem, was ich wusste. Ich habe mich viele Male entschlossen, meiner moralischen Pflicht zu folgen und auf die Straße zu rennen, um dem britischen Volk zu sagen, welche Dummheiten in seinem Namen begangen wurden. Aber ich hatte nicht den Mut dazu. Ich saß bis zum Ende im Büro und kalkulierte, wie man auf wirtschaftlichste Weise weitere 100000 Leute ermorden könnte". (zit. bei Friedrich;100)

Und das Morden setzte sich fort. So hatte die Talsperrenoperation eine verheerende Wirkung. „Im Edertal wälzte sich eine Flutwelle von 160 Millionen Kubikmeter mit einer Höhe von 9 Metern in Richtung Kassel. Auf dem Weg gehen 5 Ortschaften unter. Insgesamt ertranken 1300 Zivilisten." - Während die deutsche Abwehr allmählich erlahmte, gingen die Angriffswellen ohne Zahl und ohne Hemmung immer weiter. Es sollten gemäß Harris solange Städte ausgelöscht werden, bis keine mehr übrig waren.

Jörg Friedrich bemerkt dazu: „Darum endeten auf den letzten Metern zum Waffenstillstand Freiburg, Heilbronn, Nürnberg, Hildesheim, Würzburg, Mainz, Paderborn, Magdeburg, Halberstadt, Worms, Pforzheim, Trier, Chemnitz, Potsdam, Dresden, Danzig und andere." (108).

Für die Zerstörung dieser Städte gilt das, was oben schon zu Würzburg gesagt wurde: Es gab keinen Krieg mehr zu gewinnen, weil er längst gewonnen war. Es ging offenbar nur noch darum, die so erfolgreich agierende Waffe einzusetzen, um das einmal begonnene Vernichtungswerk zu vollenden.

Ein weiteres kommt hinzu. Seit dem Winter 1943 existierte eine mit Milzbrandsporen gefüllte Bombe. Im Bericht des Bomber Command an den Premier hieß es: „Ein halbes Dutzend Lancaster-Bomber könnte genügend mit sich führen, um, im Falle einer gleichmäßigen Verteilung, jeden zu töten, der sich in einem Umkreis von zweieinhalb Quadratkilometern aufhält und um dieses Gebiet unbewohnbar zu machen." - Ein Kommentar dazu erübrigt sich wohl.

Churchill - längst schon zum ‚Drachen' mutiert - reagierte unverzüglich und bestellte eine halbe Million Milzbrandbomben in den USA.

Die Bodeninvasion der Alliierten von 1944 schloss aber die Verseuchung des Invasionsgebietes aus. So erwiesen sich die Brandangriffe als eine brauchbarere Waffe. Welch schreckliches Inferno sie auslösten, ist kaum zu beschreiben. Die Brandangriffe bewirkten einen Feuersturm, der eine Erhitzung bis auf 800 Grad C erzeugt, eine Windgeschwindigkeit, die kein Gehen erlaubt. Der Passant wird niedergerissen und in den Brandherd eingesogen. Die glühende Luft ist nicht mehr zu atmen. Und die Keller, in denen die Leute Schutz gesucht hatten, wirkten wie Krematorien...(110f).

„Potsdams historischer Baubestand ging in den Abendstunden des 14. April 1945, drei Wochen vor Kriegsende, verloren. Dazu benötigte Bomber Command 500 Maschinen. Das Ergebnis von 5000 Toten war mehr als in den Jahren 1940 und 1941 im ganzen Reich." (Friedrich;524).

Schwer ist die Frage zu beantworten, was denn von diesem grausamen Vernichtungswahn zu halten ist, denn ein Wahn ist es wohl, was angesichts der zerstörten Städte und der zahllosen Toten und Verletzten vor Augen ist. Anschauung bieten auch die millionenfachen Kriegsgräber zweier Weltkriege.

Wie ist dieses unglaubliche Morden, ausgeführt von zivilisierten Kulturstaaten, zu begreifen? Wie konnten sie einem solchen Vernichtungswahn verfallen? Man kann nun Schuld hin und her schieben, den Wahn erklären kann das nicht. Was aber ist nun eigentlich Wahn - kann er nicht auch Methode haben? Folgerichtige Gedankengänge, doch irgendwie ganz sonderbar? Auch Wahn ist ja doch ein Erzeugnis des menschlichen Geistes und der menschlichen Psyche, aber eben ein krankhaftes. Der Psychologe C.G.Jung spricht es deutlich aus: „Uns bedrohen in schreckerregendem Maße Kriege und Revolutionen, die nichts anderes sind als psychische Epidemien. Jederzeit können einige Millionen Menschen von einem W a h n befallen werden, und dann haben wir wieder einen Weltkrieg oder eine verheerende Revolution. Der Mensch ist seinen seelischen Elementargewalten ausgesetzt. " (Grundwerk 4,289). –

Sind Kriege und Revolutionen grundsätzlich und immer psychische Epidemien gewesen? Der Zug Alexanders des Großen nach Persien? Der Kampf Roms gegen Karthago? Die römische Revolution? Die Kreuzzüge des Mittelalters? Die Französische Revolution? Die russische Oktoberrevolution? Die Geschichte beschreibt detailliert all diese Geschehnisse als notwendige Prozesse, sucht ihre innere Logik – fragt aber nicht nach dem eigentlichen Wesen des Krieges. Einzig die Psychologie findet den Wesensgrund: Kriege und Revolutionen sind psychische Epidemien, ein krankhafter Wahn, der Menschen befallen kann, ohne eigene Schuld, ein Naturereignis, das kommt und wieder geht. Aber so einfach ist es gewiss nicht. Wird denn das Wesen des Krieges erst in neuester Zeit bewusst, etwa im 20. Jahrhundert seit den Weltkriegen? Haben erst diese das Wesen des Krieges offenbart, was in früheren Zeiten noch verborgen war? Die Kämpfe und Kriege der Völker in der Antike und auch im Mittelalter mit Waffen aus Holz und Eisen waren ganz sicher kein Wahn, ein Übel vielleicht, aber doch auch Bewährung der eigenen Tüchtigkeit, die Tugenden des Kampfes standen in hohem Ansehen, den Siegern war Ehrerbietung gewiss. Die Kreuzzüge mögen eine Form von Religionswahn bezeugen und eine Ausnahme darstellen. Aber noch die Kriege und Kämpfe mit den ersten Feuerwaffen bis ins 19. Jahrhundert hinein standen unter dem Werturteil, wie es die Antike geprägt hatte. Mit dem Ersten Weltkrieg beginnt sich das Bild zu wandeln. Die Waffentechnik hatte sich gründlich geändert, Waffen waren Maschinen geworden, man kämpfte zu Lande, zu Wasser und in der Luft. Viele Tausend Tote bedeckten die Schlachtfelder. Der Krieg im Ganzen forderte etwa 10 Millionen Tote, ihre Verklärung zu Helden in allen Staaten, die am Krieg beteiligt waren, konnte die Schrecken nur mühsam übertünchen. Und im Zweiten Weltkrieg wurde auch die Zivilbevölkerung in das Kriegsgeschehen ganz unvermittelt einbezogen, die Gesamtzahl der Kriegsopfer stieg auf das Fünffache des Ersten Krieges. Dies ist die Situation, in der die der Psychologe C.G.Jung Kriege ‚psychische Epidemien' nennt, einen krankhaften Wahn. Das Revolutionsgeschehen, etwa das in Russland und anderswo, bezieht er in diese Bewertung ein. Der Wahn solchen Geschehens wird somit erst im 20. Jahrhundert offenbar. Erst recht gilt das für eine mögliche künftige Anwendung atomarer, biologischer und chemischer Massenvernichtungswaffen.

Die Psychologie fragt nun weiter nach dem Ursprung solchen Wahns, der den Menschen plötzlich befallen kann. Es sind offenbar seelische Elementargewalten, die aus dem Unbewussten aufsteigen.

Seelische Elementargewalten? Wie können sie ausgelöst werden? Hatte vielleicht – um ein Beispiel zu nennen - die Dämonie Hitlers die Psyche des Volkes so in seinen Bann gezogen, dass sie jene - vielleicht nur schlummernden - seelischen Elementargewalten entfachte mit dem Resultat, dass die Mehrheit des Volkes in ihm den großen Retter sah, dass sich die deutschen Truppen ganz nach seinem Willen und nach preußischer Tradition im Krieg kampfstark und mutig auf den Feind stürzten, zäh und verschlagen kämpften, opferbereit, mit Todesverachtung? Diese Kampfesweise ist jedenfalls ein Faktum, und wer ein Eisernes Kreuz oder ein Ritterkreuz verliehen bekommen hatte - ebenfalls im Rahmen der preußischen Tradition - trug es mit Stolz. Zugleich zeigte die Zivilbevölkerung im Bombenkrieg eine ungewöhnliche Leidensbereitschaft, die bis zum bitteren Ende durchhielt, man gab sich diszipliniert und preußisch pflichtbewusst und versank nicht in Jammer und Verzweiflung, man sprach sich immer wieder Trost zu und leistete moralischen inneren Widerstand gegen den feigen Angriff der Bomberflotten. –

Was sind dann aber jene seelischen Elementargewalten, wie konnten sie heraufbeschworen werden, wie können sie unter Kontrolle gebracht, wie soll mit ihnen umgegangen werden? Wenn Kriege ‚psychische Epidemien' sind, wie können diese dann einer wirksamen Therapie unterworfen werden? - Damit ist endgültig das Gebiet der Psychologie betreten, die sich durchaus um Therapie bemüht und über verschiedene Therapiemodelle verfügt.

Schnellfertige Antworten jedenfalls verbieten sich angesichts einer solchen Menschheitstragödie, wie sie sich besonders in den beiden Weltkriegen gezeigt hat. Auf den allgemeinen Schwund an christlichen Überzeugungen und christlicher Verantwortlichkeit war oben schon hingewiesen worden. Der Mangel an Verteidigungsbereitschaft und Widerstand gegen Massenmord und Völkermord im Kosovo-Krieg war ebenfalls schon registriert worden. Ein Übermaß an Verteidigung aber, das zu neuen, bewussten und gewollten Massentötungen an Nicht-Kombattanten führt, ist nicht minder als Unrecht und Kriegsverbrechen verzeichnet worden.

Wie soll nun diese Menschheit, bei der ein ‚Drachenbekämpfer' unwillkürlich selbst zum Drachen wird, eine Menschheit, die so ungeheuerlich geneigt ist, sich in einen - eigentlich gar nicht beabsichtigten - Vernichtungswahn hineintreiben zu lassen, je einen Weltfrieden, einen ‚ewigen Frieden' bewerkstelligen können? Kant hatte ja schon die Bedingungen eines ewigen Friedens in einer philosophischen Schrift untersucht, verlangte eine republikanische Verfassung für alle Staaten, die Abschaffung stehender Heere und zahlreicher Garantien. Dass auch republikanische Staaten erbittert Krieg führen können und selbst das Völkerrecht missachten, war im Zuge des Aufkläungsdenkens wohl nicht vorstellbar. An einen ewigen Frieden war jedenfalls in der Folgezeit nicht zu denken. Es geht ja doch nicht um irgendeinen Frieden, nicht um eine verbale und wirkungslose Ächtung des Krieges und der Atombombe, sondern - wie gesagt - darum, das Überleben der Menschheit überhaupt zu sichern angesichts einer zwar erstaunlichen, aber maßlos mörderischen und selbstmörderischen Waffen- und Vernichtungsmaschinerie. Ganz sicher erfolgt kein leichtfertiger Einsatz solcher Höllengewalten. Aber was in bedrängter Lage möglich ist, davon zeugt der Bombenkrieg im zweiten Weltkrieg, davon zeugt der Gaskrieg im Ersten Weltkrieg. Ein möglicher künftiger Einsatz von ABC-Waffen unter bestimmten Bedingungen muss im Auge behalten werden. Moralische Appelle und Anti-Kriegsdemonstrationen führen nicht weiter und sind kaum mehr als der ohnmächtige Ausdruck verzweifelter Hilflosigkeit. Kann die Psychologie mit ihren Erklärungsmodellen vielleicht weiterhelfen?

VII. Krieg als Wahn

> Jedoch der schrecklichste
> der Schrecken
> Das ist der Mensch in seinem Wahn.
> (Friedrich Schiller)

Wahn ist der Gegenbegriff zu Vernunft und Verstand, zu Aufklärung und wissenschaftlichem Denken. Wahn hat es zu allen Zeiten gegeben. So spricht man vom Rassenwahn, Massenwahn, Größenwahn, Hexenwahn u. a. Dem Hexenwahn sind zwischen dem 14. und 17. Jahrhundert in Europa etwa eine halbe Million Menschen zum Opfer gefallen, dem Rassenwahn im 20. Jahrhundert etwa 6 Millionen Juden, Zigeuner, Slawen u. a.

Wahn ist ein psychisches Symptom und deshalb Gegenstand psychologischer Forschung. Der Hexenwahn ist ein kollektives psychisches Ereignis. Dass solche Ereignisse nicht nur in der Vergangenheit sich zeigten, sondern auch in der Gegenwart immer wieder möglich sind, weist der Psychologe C.G. Jung nach, und er sagt:

„Jederzeit können einige Millionen Menschen von einem Wahn befallen werden, und dann haben wir wieder einen Weltkrieg oder eine verheerende Revolution", will sagen, dass der Mensch seinen seelischen Elementargewalten ausgesetzt ist, denn das Psychische sei eine Macht, „die alle Mächte der Erde um ein Vielfaches übersteigt". Und die Kriege und Revolutionen, die uns bedrohen, „sind nichts anderes als psychische Epidemien", also kollektive psychische Krankheitserscheinungen. Somit sind Krieg und Revolution Eruptionen des Psychischen. Sie lassen sich deshalb nicht nur aus politischen und historischen Vorgängen erklären, sondern umgekehrt, die Psyche bestimmt die politisch-historischen Ereignisse.

Nach der Psychologie Jungs ist die Psyche ein Reservoir von Bildern und Willensregungen, die im Unbewussten ruhen, die „das Individuum mit den großen kollektiven Sinngehalten der Menschheit verbinden" (Jaeggi, 208). Diese steigen unter bestimmten Bedingungen ins Bewusstsein auf und vereinigen bewusste und unbewusste Inhalte. „Das Unbewusste enthält alles vergessene Material der individuellen Vergangenheit sowie alle ererbten Funktionsspuren des menschlichen Geistes, die im Laufe der Zeit unter entsprechenden Umständen ins Licht des Bewusstseins treten werden". (Jung, Dynamik 85). Von besonderer Bedeutung ist das „kollektive Unbewusste". Es ist die „gewaltige geistige Erbmasse der Menschheitsentwicklung, wiedergeboren in jeder individuellen Hirnstruktur", während das Bewusstsein „eine ephemere Erscheinung ist, welche alle momentanen Anpassungen und Orientierungen leistet."

Das Unbewusste enthält „die Quelle der treibenden seelischen Kräfte, Kategorien – oder eben Archetypen." Die wichtigsten Ideen der Menschheit gehen auf Archetypen zurück, besonders in der Religion, aber auch in Wissenschaft und Philosophie. Sie bilden Varianten der Urvorstellungen, „denn es ist die Funktion des Bewusstseins, die Welt des Inneren schöpferisch in das Außen zu übersetzen". (Jung, Dynamik, 181f). Dennoch hält es Jung für unmöglich, dem heutigen Menschen die Wirkungsweise und Existenz der Archetypen beibringen zu wollen. Dies zu glauben sei einfach naiv, und diese Naivität sei gleich mit derjenigen von Leuten, „welche den Krieg oder die Atombombe ächten wollen." (Dynamik 249).

Das klingt ungeheuerlich: einen vernünftigen Beschluss fassen und rechtlich festschreiben – naiv? Doch der 1928 abgeschlossene Kellogg-Pakt ächtete tatsächlich den Krieg, er wurde sogar als Kriegsächtungspakt bezeichnet, und 54 Staaten traten ihm bei. Offenbar entsprach der Wille zum Frieden einem allgemeinen Bedürfnis. Wie ernst es den Unterzeichnerstaaten mit der Kriegsächtung war, ist im Nachhinein schwer zu sagen. Tatsache ist, dass die Kriegsächtung, so gut sie gemeint war, die Erwartungen nicht erfüllen konnte. 11 Jahre danach brach der Zweite Weltkrieg aus – wie zum Hohne des Kellogg-Paktes.

Die Atombombe zu ächten wäre ein nicht weniger hoffnungsloses Unterfangen. Nicht einmal die Bemühungen um den Stillstand der Weiterverbreitung, der Atomsperrvertrag, hatte Erfolg. Man hatte ihm zwar eine „epochale Bedeutung" zugesprochen, denn er sollte die „Herausnahme der Rüstung" - zunächst der atomaren - aus der innerstaatlichen Zuständigkeit festlegen und sie der Zuständigkeit der Völkerrechtsgemeinschaft unterstellen. (vgl. Kimminich, Atomsperrvertrag, 373). Dass diese hohen Erwartungen sich nicht erfüllt haben, zeigt nicht nur das jüngste Beispiel Nordkoreas, das stolz seine Bombe präsentiert und dabei das eigene Volk hungern lässt. Der Iran ist – wenn nicht alles täuscht – im Begriff, das Gleiche zu tun, trotz anders lautender Beteuerungen. Und Indien, China, Pakistan, Israel - wer nicht alles noch – verfügen längst über atomare Bewaffnung und können damit bedrohen und erpressen.

Doch Kimminich, Völkerrechtler, Sozial- und Politikwissenschaftler, sah von Anfang an die Ambivalenz des Vertrages: Einerseits sollte er die Fortführung des Kriegsverbotes und allgemeinen Gewaltverbotes der Vereinten Nationen sein – andererseits aber würde seine Durchführung für die Zukunft, nach allem, was wir wissen, „nur durch den Einsatz von Gewalt" möglich sein. Der einzige Weg zur Erhaltung des Friedens sei daher der Abbau des Sperrvertrages in dem Sinne, dass auch die Kernwaffenstaaten eines Tages nuklear abrüsten müssen. Andererseits sieht Kimminich in der Weiterverbreitung die Gefahr eines „kataklysmischen Atomkrieges". (Kimminich, 374f)

Der Gedanke also, die Atombombe zu ächten, ist – nach Jung – naiv. Es kann nicht wirklich gelingen, einen internationalen und dauerhaften Konsens zu gewinnen, den sämtliche souveränen Staaten längerfristig auch befolgen. Warum? Weil jeder Staat seine Sicherheit und seinen Vorteil für wichtiger einschätzt als die Gemeinsamkeit der Völkergemeinschaft. Das Ego eines jeden souveränen Staates ist näher als die Gesamtheit der Menschheit. Das ist offenbar im Zeitalter von Massenvernichtungsmitteln eine rückständige und vernunftwidrige Einstellung. Jung sieht das psychologisch: „Die Psyche in unserem Zeitalter ist fehlgeleitet". Sie hat das Gleichgewicht zwischen Unbewusstem und Bewusstem verloren. Das Bewusste kann die Archetypen des Unbewussten nicht ‚assimilieren'. Jung plädiert für eine „Änderung des kollektiven Bewusstseins, die freilich kein Einzelmensch leisten kann, denn sie ist eine säkulare Angelegenheit". Alles hänge davon ab, „wie weit die Entwicklungsfähigkeit der Psyche reicht und ob die Zeit reif ist für eine Wandlung oder nicht".(Jung, Dynamik,249). Die Reife für eine solche Wandlung zeige sich darin, ob der Drang des Unbewussten vom Bewusstsein verarbeitet werden könne. Dieser Vorgang spiele sich ab unter „mehr oder weniger vehementen Einbrüchen unbewusster Inhalte ins Bewusstsein". Dabei könne sich das Ich als unfähig erweisen, die Eindringlinge zu assimilieren. So könnte etwa die Souveränität eines

Einzelstaates die Belange der Weltgemeinschaft nicht in sich aufnehmen, wenn diese den Interessen des Staates widersprechen. - Ist dagegen die Struktur des Ich-Komplexes so kräftig, dass es den Andrang unbewusster Inhalte ertragen kann, „ohne in seinem Gefüge fatal gelockert zu werden, dann kann die Assimilation stattfinden. Dann wird auch das Ich alteriert" (250). Wann aber ist die Struktur des Ich-Komplexes so kräftig? Doch wohl nur dann, wenn der Horizont des Bewusstseins, das Wissen und Denken, die Erfahrung der Wirklichkeit eine Tiefe und Breite erreicht haben, dass es schöpferisch den Ansturm des Unbewussten zu neuen Gestaltungen führen kann. Ein bestimmtes geistig-sittliches Niveau wird dabei unabdingbar sein, eine Grundhaltung, die das Gemeinsame und Verbindende über das Trennende zu setzen vermag.

Von dieser Fähigkeit, Unbewusstes zu assimilieren, wird letztlich die Verwirklichung der Vision des großen Friedens der Menschheit abhängen, die dann alle Barbarei von Krieg und Gewalt prinzipiell überwunden haben wird, die die unabänderlichen Widersprüche und Gegensätze auf vernünftige Weise im Dialog und ohne Gewalt zu lösen in der Lage sein wird. - Aber: Welche Völker, welche Kulturen verfügen über einen solchen Reifegrad, dass sie den Drang des Unbewussten assimilieren können, auch wenn sie der Gewalt noch nicht entraten können? Zwei Beispiele aus der Geschichte mögen das Problem der Reife erläutern.

Die Germanen waren nach jahrhundertelangem Ringen mit Rom letztlich erfolgreich. Zunächst war es ihnen gelungen, den römischen Expansionsdrang zwischen Rhein und Elbe zu stoppen. Die Schlacht im Teutoburger Wald war diesbezüglich entscheidend. Später gelang es ihnen, den Limes, die Grenzbefestigungen zwischen Rhein und Donau, zu stürmen und in der ‚Völkerwanderung' römisches Territorium zu besiedeln. Sie konnten römische Strukturen assimilieren, im Grunde bewunderten sie Rom, es war ihr Wunsch und Ziel, an der römischen Weltkultur teilzuhaben, ohne ihr eigenes kulturelles Gefüge fatal zu lockern. Sie waren also reif für jene weltgeschichtliche Wandlung. Die germanischen Stämme östlich des Rheines wurden ‚die Deutschen'.

Ein völlig anderes Verhältnis zeigte sich zwischen den weißen Siedlern in Amerika und den indianischen Ureinwohnern. Hier klaffte ein so großes Kulturgefälle, dass die europäische Kultur der neuen Siedler von den indianischen Stämmen nicht assimiliert werden konnte. Diese blieben auf einer primitiveren Stufe stehen. Die Folgen sind bekannt: Die Weißen nahmen das Land in Besitz, die Indianer wurden verdrängt und fast ausgerottet, der Rest ist bis heute noch nicht voll integriert.

Jung sieht im Archetypus das eigentliche Element des Geistes. Es ist aber ein Geist, der nicht mit dem Verstand und auch nicht mit der Vernunft identisch ist, sondern eher ihr ‚spiritus rector'. Kann der Drang des Unbewussten nicht assimiliert werden, wenn also ein Gegensatz zwischen Bewusstem und Unbewusstem unbewältigt bestehen bleibt, wird der Archetypus eher zum Ungeist, der Verwirrung schafft und schließlich zerstört und ins Chaos führt. Denn der Archetypus ist Geist oder Ungeist, je nach der Einstellung des Bewusstseins.

Als historisches Beispiel kann der Ungeist des Kommunismus angeführt werden, der eigentlich die soziale Komponente des menschlichen Daseins zur Vollkommenheit bringen wollte, der dann aber, als die Ideologie im Volk nicht zünden wollte, zur Gewalt Zuflucht nahm, durch Terror und Massenmorde zum ‚Glück zwingen' wollte und damit das Gegenteil von dem erreichte, was als Zukunftsideal einmal leuchtend vor Augen gestanden hatte: eine vollkommene Gesellschaft des Friedens, der Freiheit und Gerechtigkeit. Die Ideologie hätte doch, wie die besessenen Funktionäre und Ideologen wähnten, bei massiver Propagierung die Massen überzeugen müssen, da man ja doch, wie man glaubte, Im Besitz der absoluten Wahrheit war. Stattdessen wurde nur ein Wahn vollstreckt, der Millionen und Abermillionen Opfer gefordert hatte, bis das riesige Gebilde wie ein Kartenhaus zusammenstürzte. Es war ein Wahn, der rational wie am Reißbrett eine Zukunft konstruiert hatte, aber nicht auf das hören wollte, was im Unbewussten sich meldete. Dies war wohl das Verlangen nach Frieden, Freiheit und Gerechtigkeit, aber man verscherzte sich durch ideologischen Starrsinn den rechten Weg, weil man dank einer Ideologie der Weltrevolution Macht gewinnen und die ganze Welt verbessern wollte. Selbst der Verzicht auf Weltrevolution unter der Stalinschen These vom ‚Sozialismus in einem Land' brachte keine Lockerung des Terrors, im Gegenteil. „Wenn der Kommunismus am Schluss wie ein Kartenhaus zusammenfiel, so lag das daran, dass er nie mehr als ein Kartenhaus gewesen war. Russland erwachte wie aus einem bösen Traum inmitten der Trümmer einer nunmehr siebzigjährigen Katastrophe. Mit Russland erwachte der Rest der

Welt aus der morbiden Faszination der Oktober-Revolution, die unser zwanzigstes Jahrhundert beherrscht hat." (Malia, 561)

Finden sich also im Menschen Gegensätze zwischen Trieb und Geist, zwischen Wollen und Können, steuert die Psyche eine Konfliktsituation an, deutlich sichtbar an der Surrealität des Sowjetsozialismus. Die Differenz zwischen Wollen und Können konnte nur noch in der Lüge eine kurzfristige Auflösung finden, um dann trotz massivsten Terrors endgültig zu scheitern.

Aber dennoch: Grundsätzlich sind Gegensätze keine „Inkommensurabilitäten", sondern durch Vergleich messbar und überwindbar. Sonst könnten sie sich nie vereinigen. Vielmehr bekunden sie stets die Neigung, sich zu vereinigen. (vgl. Dynamik 233). Gegensätze, wo immer sie auftreten, sind somit grundsätzlich keine Unabänderlichkeiten. Die Welt muss an ihnen nicht zugrunde gehen. Aber eine totale Kommensurabilität der Kulturen, Religionen und Philosophien ist wiederum auch nicht denkbar und schon gar nicht wünschenswert. Vielmehr soll jede Gestalt im Integrationsprozess ihre eigene Konfiguration behalten und nicht durch Annexion an ein Mega-System verloren gehen.

Elementarer aber ist vielleicht die Frage, wie man sich prinzipiell mit dem Unbewussten auseinandersetzen könnte. Hier nennt Jung an erster Stelle die Philosophie Indiens, den Buddhismus und die Zen-Philosophie. „Indirekt ist sie, die Philosophie Indiens, die praktische Grundfrage aller Religionen und Philosophien überhaupt". (Dynamik, 81). Jung sieht offenbar in der indischen Geisteswelt den emotionalen Bereich stärker angesprochen als im Westen, durch Meditation und Mystik. In diesem Rahmen sollte aber eine Stimme aus dem Osten nicht überhört werden. So hat der japanische Buddhismusforscher und Philosoph Daisetz Taitaro S u z u k i den christlichen Denker und Philosophen Meister Eckhart analysiert und ist zu der Überzeugung gekommen, „dass die christlichen religiösen Erfahrungen sich im Grunde von den buddhistischen nicht unterscheiden". (Suzuki, 2). Das wiederum bedeutet, übertragen auf die heute präsenten Weltreligionen, dass diese in ihrem tiefsten Kern miteinander verwandt sind und dass sie die Basis sein könnten für die große Weltgemeinschaft, die zwar so noch nicht existiert, aber im Werden ist. Eine solche Gemeinschaft ist wie ein Bündnis unter Völkern, Kulturen und Religionen, deren innere Differenzen immer wieder den Weg zur Versöhnung finden und so zu immer größeren Gemeinschaften wie zu einem Höheren fortschreiten.

Dennoch, die Gefahr, sich den Zugang zum Unbewussten durch rationales Verstandesdenken zu verbauen, besteht immer noch, besonders im Westen. So ist die Vorstellung verbreitet, dass ein Mythos - nehmen wir die Auferstehung Christi - entweder historisch wahr sein müsse, oder aber er sei überhaupt nichts, bloße Legende eines längst vergangenen Zeitalters. Durch solche Rationalismen aber werde die weitere Entwicklung des inneren Menschen verhindert, „dessen intellektuelles und moralisches Versagen eine der schmerzlichsten Entdeckungen unserer Epoche ist" - will sagen, weder werde heute der tiefere Sinn des Mythos verstanden noch der damit verbundene Appell an das moralische Bewusstsein wahrgenommen. Denn mit dem Schwund des Mythos verliere sich auch das moralische Bewusstsein. Der Nihilismus lässt grüßen! Die Neigung zur Gewaltanwendung wächst, sie führt zum Terror im Innern, zum Krieg nach außen.

Offenbar habe der Mensch heute - so Jung - eine tiefe Abneigung dagegen, etwas mehr über sich selbst zu wissen, und dies sei die Ursache dafür, dass gegenüber den äußeren Fortschritten in Wissenschaft und Technik keine innere Entwicklung der Psyche stattgefunden habe. (vgl. Dynamik 82).Die Erforschung der Natur und die technische Nutzanwendung nehmen das Interesse der neuzeitlichen Menschen so stark in Anspruch, dass für das Innere, für Selbstbesinnung, Ethik und Verantwortung, Spiritualität und Meditation immer weniger Raum geblieben sind. Stattdessen gerate der Mensch unausweichlich immer wieder in „den sterilen Kreislauf seiner Komplexe, aus denen er sich nicht selbst befreien kann" (83). Komplexe sind gefühlsbetonte psychische Inhalte, deren Kernelement meist unbewusst und affektbetont ist. (vgl. Jung, Dynamik,21 f). Ein wirkliches Wissen um sich selbst wird so nicht erreicht und meist gar nicht gesucht. Gegen verinnerlichende Selbstsuche und Gottsuche empfindet man eher - wie gesagt - tiefe Abneigung.

Was sind nun - genauer besehen - die Archetypen?

Sie sind Inhalte des Unbewussten. Wenn bestimmte Archetypen im Menschen wirksam zu werden beginnen, also ein ‚konstellierter', ein in bestimmtem Zusammenhang stehender Archetyp sich regt, aber als solcher nicht bewusst und nicht erkannt wird, „nicht auf der innerpersönlichen Ebene realisiert wird, ergreift er den Menschen vom Unbewussten her und führt ihn in einen Zustand der Besessenheit", will sagen, archetypische Motive können sowohl verblendend als auch aufbauend wirksam sein, sie können „zu ideologisch motiviertem Massenmord und kollektiven Wahnsinn - oder aber zu höchsten Schöpfungen führen". (v.Franz, 133).

Religionskriege und ideologische Kämpfe und Verfolgungen zeigen heute noch, wie sehr die Menschheit noch zu Besessenheit neigt. „Je enger, rationalistischer und steriler das Bewusstsein ist, desto größer die Gefahr, dass das Bewusstsein von archetypischen Inhalten, die es aus Schwäche nicht integrieren kann, überrannt wird." Dann wird dieser archetypische Inhalt gedankenlos auf äußere Feinde projiziert, der bejahende Inhalt auf einen charismatischen ‚Führer' oder eine Eliteklasse - und die Stimmung zu einer kriegerischen Auseinandersetzung heizt sich auf. (vgl. Franz 134).

Um diesen Gefahren zu entgehen, bedarf es einer größeren Macht, die mehr als bloße Vernunft im gewöhnlichen Sinne ist. „Es bedarf eines anderen konstellierten Archetypus, der die Kraft hat, die Einseitigkeit eines nur aggressiven Verhaltens zu dämpfen". Dieser sei der Archetypus des weiblichen Prinzips, und dieser müsse in die zerstörerische Unternehmungslust unseres Wesens integriert werden. (Franz 142 f).

Was aber meint ‚weibliches Prinzip'? Es ist die Fähigkeit, Fremdes zu empfangen und in bekannte Gestalt umzuwandeln, so etwa das Unbewusste aufzunehmen und zu verwandeln, Gegensätze zu integrieren. „Die Integration des Weiblichen in die Welt des männlichen Logos fordert Jung für uns alle heute, um unsere Aggressivität zu meistern und einer weltweiten Katastrophe zu entgehen".

Können wir einer solchen Katastrophe überhaupt noch entgehen? Ist womöglich der Machtwille in Politik und Wirtschaft so fundamental, dass Gegensätze nicht zu Versöhnung gelangen können? Kommt beispielsweise die geforderte Integration des Männlichen und Weiblichen nicht zustande, und bleiben die Gegensätze drohend angespannt, „dann führt deren Summierung unweigerlich zu Krieg und revolutionären Massakern". (vgl. Franz 145).

Die psychischen Ursachen für die wiederholten Bedrohungen durch Kriege sieht Jung in einer tiefen Gespaltenheit unserer westlichen Welt. Schon Hegel sah seinerzeit eine „innere Zerrissenheit" unserer Welt zwischen Wissen und Glauben, die er aber durch seine neue und kühne Religionsphilosophie hinweg geräumt wissen wollte. Für Jung liegt die Gespaltenheit im Christentum selbst. Wir sind uns nämlich „des inneren Konfliktes, den das ambivalente Gottesbild in uns erzeugt, nicht bewusst." Denn die Religion - gemeint ist die christliche - repräsentiere zwei Prinzipien, ein gütiges und lichtes – und ein dunkles und antichristliches. Die Gottheit besitze einen furchtbaren Doppelaspekt, und „Gott ist eine coincidentia oppositorum", wie wir auch schon dem mittelalterlichen Denken von Nikolaus von Kues entnehmen können.

Welche Gegensätze fallen da zusammen? „Höchste Liebe und Güte – und finstere Grausamkeit zugleich". (Franz 159). In den apokalyptischen Visionen des Johannes zeige sich jener furchtbare Doppelaspekt. Diese „Paradoxie des Gottesbildes zerreißt den einzelnen Menschen und die ganze westliche Menschheit in Gegensätze und schafft unlösbar scheinende Konflikte". Solche Gegensätze finden sich etwa zwischen Religion und Wissenschaft, Kirche und Welt, Geist und Natur, Gott und Teufel, Theismus und Atheismus und in noch vielem mehr.

Aber wenn wir heute den von inneren Konflikten zerrissenen Menschen betrachten, sehen wir auch, - so Jung - dass sein Unbewusstes Symbole erzeugt hat, welche die Gegensätze vereinigen, indem Unbewusstes vom Bewussten assimiliert worden ist. So existiert Gott nicht nur in einer fernen, jenseitigen Welt, sondern er zeigt sich in dieser Welt, wie es der Mythos vom Sohn Gottes verkündet; das Böse in mir kann mir vergeben werden; ich selbst kann und soll daher auch anderen ihre Schuld vergeben. (vgl. Jung, Hiob, §738; vgl. auch Franz,159 ff).

Wer aber kann diese Versöhnungssymbole assimilieren und in die Tat umsetzen? Es sind „nur die wenigen, die den Mut haben, den Konflikt in sich hineinzunehmen und bewusst zu machen, sie sind die wirklich Schöpferischen, die - etwa durch öffentliche Wirksamkeit – helfen könnten, einen totalen Krieg, der uns alle bedroht, zu vermeiden." (Franz,161).

Also nur wenige sind es, die die Fähigkeit besitzen, der Welt die Augen zu öffnen und sie vor einem totalen Krieg zu bewahren. Wer sind diese Wenigen? Große Denker? religiöse Führer, führende Staatsmänner? Oder einfach nur Menschen von tiefer Einsicht, Menschen, die tief in sich ‚hineinhorchen' können? Hängt es also von Menschen solcher Art ab, ob die Menschheit überlebt oder nicht? Hängt das Überleben von bestimmten Begabungen Einzelner ab, oder kann die Menschheit als Ganzes fortschreiten und einen höheren Reifegrad erreichen? Wohl können Einzelne Großes bewirken, aber nur dann, wenn die Vielen auch Bereitschaft zeigen, die Botschaft zu vernehmen.

Wir kennen den Begriff der Weisheit, den uns die Griechen überliefert haben, ein Begriff, der ein ausgezeichnetes Wissen universal-menschlichen Charakters enthält, das einerseits auf menschlicher Erfahrung beruht, dann aber auch mit dem Göttlichen in Beziehung gesetzt wird, wie es die Philosophie der Griechen tut. Und für Nikolaus von Kues, anderthalb Jahrtausende später, ist die ‚Weisheitsjagd' der Grund des Philosophierens. Er begreift diese Jagd als einen Prozess der ‚Verähnlichung mit Gott'. Wir müssen also selbst uns um Weisheit bemühen, jeder für sich, bis sie uns zufällt, geschenkt wird. Wesentlich zur Weisheit gehört, auf Gott zu zugehen.

Aber diese Form von Weisheit hatte in neuerer Zeit nicht mehr jenen hohen Rang. War für Hegel noch Gottes Macht die Weisheit schlechthin, so ist Nietzsches Zarathustra ein vom ‚Sonnenbrand der Weisheit Gezeichneter und seiner Weisheit überdrüssig', und er sieht den ganzen Willen der Weisesten als einen Willen zur Macht. Sonst nichts. Aber Macht und Weisheit vertragen sich selten. Nach Wittgenstein ist Weisheit gar ‚kalt, grau und dumm, und sonst nichts'. (A. Speer, Weisheit,in: Hist.Wb.Phil.;371ff).

Nach diesen Zeugnissen stellt sich nun unsere heutige Situation recht arm dar: Wir haben einerseits Weisheit praktisch verloren, kokettieren auch gern damit, dass wir „kein bisschen weise" sind - und sehen uns andererseits bedroht von der Gefahr einer möglichen Selbstvernichtung durch unsere Massenvernichtungswaffen. Wahrhaftig – statt Weisheit - Wahn! Denn Wahn ist es, Leben zu vernichten bis zur Selbstvernichtung unter gegenseitigem Hass, aus Rache oder Wut, Vergeltung oder Machtwillen. Fänden wir zur Weisheit zurück, hätten wir ein Maß für unser Tun und es bliebe der Maßlosigkeit des Wahns kein Spielraum. Aber noch immer sind wir nicht frei von selbst verursachten, möglichen planetarischen Bedrohungen, die niemand wirklich will, die aber doch verursacht werden, weil eben der Mensch – wie oben gezeigt - nicht beherrscht, was er selbst tut, oder auch, wie Hoimar von Ditfurth konstatiert, „der Mensch nicht einmal bereit ist, das Ausmaß der Gefahr überhaupt zur Kenntnis zu nehmen". (Ditfurth, Apfelbäumchen, 14).

So könnte uns eine ökologische Katastrophe überrollen, eine Klimakatastrophe, Kriege mit konventionellen oder mit chemischen und biologischen Mitteln, ein kataklysmischer Atomkrieg, wenn der Atomsperrvertrag gänzlich der Missachtung verfallen ist.

Bedrohungen zu überwinden und Kriege dieser Art zu vermeiden kann nach Jung also nur gelingen, wenn auch nur wenige den Mut haben, die gefährlichen und welt-zerreißenden Konflikte nicht etwa nur auf andere zu projizieren, sondern in sich hineinzunehmen, - will sagen, im eigenen Ich das Böse zu suchen, das hier genauso wie etwa im ‚Feind' gefunden werden könne und der dann sein Feind-Sein ablegen und zu gemeinsamem Handeln bereit sein würde. Das heißt doch wohl nichts anderes als Religion im ursprünglichen und strengen Sinne auszuüben, mit den Feinden Frieden und Versöhnung zu suchen, das Gemeinsame vor das Trennende zu setzen. Damit wird Religion zur Basis im Kampf um das Überleben der Menschheit. Nicht eine bestimmte Religion ist gemeint, sondern die ethischen Hochreligionen überhaupt. Es geht um die Wiederentdeckung der Spiritualität, in der der Mensch sein wahres Selbst findet, das vergessen schien im Getriebe der technisierten Welt.

Könnten denn nicht – so müssen wir nun fragen - in den geschichtlichen Tiefen Jahrtausende alter Kulturen und Traditionen die rettenden Impulse sich versteckt halten? Wenn wir dort fündig werden wollen, müssten wir freilich nicht nur Traditionen pflegen, sondern einen neuen Aufbruch zu Dialog und Grundlagenforschung innerhalb der Religionen wagen, wie sie Hans Küng fordert - Neu-Interpretationen, um die Wahrheit, die in ihnen steckt, für uns wieder zum Sprechen zu bringen, damit die ursprünglichen Grunderfahrungen uns nachvollziehbar werden, sodass uns heute wieder aus tiefstem Grund solche Erfahrungen aufbrechen könnten, wie sie in vergangenen Jahrtausenden lebendig waren und dem Absoluten zeitliche Gestaltungen gaben. So müssten uns neue Gestaltungen aus dem Unbewussten heranreifen. Wenn nicht alles täuscht, ist dieser Prozess als Suche nach neuer Spiritualität auch schon im Gange. Vielleicht kam der Spiritualität noch nie ein so großes Gewicht für das Überleben der Menschheit zu wie gerade heute im Zeitalter atomarer und anderer Massenvernichtungswaffen.

Für Jung ist die Suche des Bösen im Selbst der erste Schritt über das eingeschliffene Freund-Feind-Denken hinaus. So werde das Böse relativiert und Feindschaft abgebaut. Gewöhnlich aber huldige der Mensch der Meinung, er sei das, was er von sich weiß. So halte man sich für gut oder wenigstens doch harmlos – und füge so der Bosheit noch die Dummheit hinzu. „Wenn man das Böse auf die anderen abschiebt, so verliert man zuerst die Möglichkeit der Einsicht und dann die Fähigkeit, mit dem Bösen umzugehen." (Jung, GW §572).

Die Lösung des Problems, nämlich einen totalen Krieg zu vermeiden, findet somit nicht in einem als gut Erkannten und einer bösen äußeren Versuchung statt, sondern in einer Entscheidung, bei der beide Alternativen ihre Berechtigung finden und gut als auch böse sein könnten. Die Entscheidung müsste dann – selbst auf die Gefahr des Irrtums – im Horchen auf das Innere, auf das wahre Selbst, gefunden werden. Nötig dazu ist eine Erweiterung unseres reflektierenden Bewusstseins, das dem eigenen Selbst bis auf den Grund zu schauen gelernt hat, also meditierend Selbstbesinnung üben kann, „sodass wir unsere eigene innere Gegensätzlichkeit deutlicher gewahr werden und das Böse nicht mehr, wie bisher, wegwischen oder verleugnen oder projizieren" (Franz 162)

Tatsächlich sind wir leicht geneigt, alles Böse auf einen anderen zu projizieren, einen Feind, der uns bedroht, um sich mit ihm herumzuschlagen oder gar, um ihn zu vernichten. Das Gleiche tut der Feind im Bewusstsein einfältiger Unschuld. Auch er hält sich für gut. Und die Besinnung darauf, dass „heute der Mensch fähig geworden ist, Gottes Schöpfung zu vernichten", ist weltweit offenbar immer noch nicht ganz zu Bewusstsein gekommen, noch immer rumoren hier und da Feindseligkeiten mit tödlichen Absichten. (vgl. Franz 163).

Wir heute und die gesamte christliche und nicht-christliche Welt sind mit dem Bösen unausweichlich konfrontiert. Wir finden überall in der Welt - und sehen es täglich im Bild - entsetzlich viel Not, Unrecht, Gewalt, Mord und Totschlag in solcher Fülle, dass wir geneigt sind, wegzuschauen, wegzuhören, alles Unangenehme wegzuschieben. Aber die rechte Einsicht sagt uns, dass wir diese Not nicht verharmlosen dürfen, auch nicht allein durch Spenden und Entwicklungshilfe unser Gewissen beruhigen, vielmehr müssen wir lernen, damit psychologisch umzugehen, „denn" – so Jung – „es, das Böse, will mitleben." (Jung,GW §572). Es hat gar eine Art Lebensrecht und ist stets präsent, und wir können es nun einmal nicht wirklich tilgen.

Wie also sollten wir mit dem Bösen umgehen? Soll es ertragen oder bekämpft werden? Soll Not, von Menschen verursacht aus Gedankenlosigkeit oder Bosheit, gelindert oder demütig, weil unausrottbar, hingenommen werden? Spontan bricht hier die uralte Frage auf, woher das Böse komme. Hat es seine Ursache vielleicht gar in Gott selbst? Will Gott, dass wir mit dem Bösen uns abplagen?

Wir wissen jedenfalls nicht sicher, was Gut und was Böse ist. Ist es etwa gut – um ein Beispiel zu nennen - Toleranz so weit auszudehnen, dass die Wahrheitsfrage gar nicht mehr gestellt wird, alles anerkennen im Sinne von ‚anything goes' und wir alle Orientierung verlieren? Ist aber im Falle der Verneinung dieser allzu großen Weitherzigkeit nicht schon wieder ein Türchen für Intoleranz geöffnet? Offenbar geraten wir im Handumdrehen ganz unbemerkt von einem gut Gemeinten in sein Gegenteil.

Daraus entspringt zumindest die Konsequenz, dass wir es aufgeben müssen, zu glauben, es sicher zu wissen und andere zu belehren, was Gut und was Böse sei. Durch die Anerkennung der Gegensätze werden beide, das Gute und das Böse, relativiert, unsere Sicherheit im Wissen um sie allerdings auch.

Dennoch ist unser Wissen nicht ganz stumpf, wir wissen sehr wohl, wo Böses im Spiel ist, wo elementare Kriminalität sich zeigt, wir wissen, dass etwa jede Sucht ein Übel ist, ob als Drogenmissbrauch oder als fanatischer Idealismus. (vgl. Franz 167).

Für uns kommt es auf den Umgang mit den Gegensätzen an, darauf, ob beide, das Gute und das Böse, relativiert werden oder nicht, oder ob man vielleicht gar glaubt, das Böse tilgen zu können, um nur noch gut zu sein, sich dabei in einen Rausch hinein steigert und fanatisch alles Böse und vermeintlich Böse vernichten will. Die Relativierung der Gegensätze erschwert zwar die ethische Entscheidung, denn Selbsterkenntnis ist dabei nötig, das Helle und Dunkle in sich selbst zu erkennen. Aber dagegen wehren sich viele Leute und projizieren lieber das Böse auf den andren, die andere Nation, die andere Klasse oder Rasse. (vgl.Franz 167f)

In der Demokratie bekämpft man sich verbal, vorrangig im Parlament, im Rahmen der Gesetze. „Das ist ein erster Schritt auf dem Wege zum nächsten Ziel: dass wir den Gegner in uns selber finden, in dem unersättlichen Machttrieb des eigenen Schattens". Aber der eigene Schatten bleibt uns oft unentdeckt, auch, wenn wir im Parlament den Gegner ertragen, ihn ernst nehmen oder nicht, „und wir stehen immer an der Grenze jener Dinge, die wir selbst tun und doch nicht beherrschen" (Franz 257). So unterstellen wir vielleicht dem parlamentarischen Gegner bestimmte Absichten, er aber reagiert völlig anders und bringt gar unsere Position ins Wanken, die damit relativiert wird, ob zu Recht oder nicht. Aber dieser ‚erste Schritt zum nächsten Ziel, den unersättlichen Machttrieb des eigenen Schattens zu finden' wird doch in der Debatte möglich, die als ‚Diskussion' schon als Wort anzeigt, dass sie gemäß ihres lateinischen Ursprungswortes ‚discutere' ein Erschüttern der gegenseitig-einseitigen Standpunkte bedeutet.

Aber - so ein möglicher Einwand - ich will doch unerschütterlich mir selbst treu bleiben, denn ich will doch das Bestmögliche, allem voran und in letzter Konsequenz den Frieden in der Welt. Doch alle Welt will ihn. Und was tut alle Welt? Sie rüstet zum Krieg - defensiv zunächst und dringend nötig zur Abschreckung - nach dem altrömischen Axiom: Si vis pacem, para bellum. Aber auch der potentielle Gegner rüstet aus gleichen Gründen zum Krieg, ob tatsächlich nur zur Abschreckung oder als heimliche Vorbereitung zur Offensive, bleibt zunächst unerkannt. Der Kalte Krieg möge hier ein Beispiel sein. Abschreckung wirkt aber nur auf begrenzte Zeit. Die Rüstung muss dann verstärkt werden, wir geraten ganz ungewollt in eine Spirale des Wettrüstens. Wir glauben aber, das unvermeidlich Notwendige zu tun, halten uns für gut und fühlen uns sicher, suchen zwar das Abrüstungsgespräch, kommen dabei aber nicht recht voran.

„Schreiten wir aber durch das Tor des Schattens, wird uns mit Schrecken bewusst, dass wir Objekte von ‚Faktoren' sind, von ‚Machern', die hinter den Kulissen des Welttheaters stehen. Die geglaubte Suprematie des Bewusstseins wird gefährlich in Frage gestellt". Angst befällt uns. Unsere Defensiv-Haltung schlägt um in eine Offensiv-Haltung. Aus dem Axiom des Friedens, bei dem nur vorsorglich gerüstet wurde, wird nun wirklich ein Konflikt, der sich leicht zum Krieg steigern kann.

Das also ist unsere eigentliche Bedrohtheit: Wir beherrschen nicht, was wir selbst tun. Der Kalte Krieg war darum nicht ungefährlich. Die Gefahr eines atomaren Schlagabtausches lag ständig in der Luft. Man denke an die Kuba-Krise von 1962! Ein Atomkrieg zwischen den USA und der SU war gefährlich nahe gerückt, zumal die sowjetische Propaganda über Jahre die feindselige Stimmung angeheizt hatte. Wir beherrschen eben auch nicht unsere defensive Kriegsvorsorge, sie kann uns plötzlich unter unvorhergesehenen Umständen selbst in bedrohliche Gefahr bringen, etwa, die nur vorsorglich geschaffenen Waffen auch plötzlich einsetzen zu müssen. Es sind also die Unabsehbarkeiten der psychischen Reaktionen, die uns unversehens in Gefahren stürzen. Die Kuba-Krise konnte gerade noch beigelegt werden, als die Sowjets ihre Raketen aus Kuba wieder abzogen. Die äußeren historischen Bedingungen sind nur die Anlässe zu den wirklich bedrohlichen Gefahren, zu möglichen „politischen Wahnbildungen, die nicht kausal als notwendige Folgen äußerer Bedingungen, sondern als Entscheidungen des Unbewussten aufzufassen sind." (Jung, Archetypen, 25).

Warum haben denn die Sowjets überhaupt die Raketen in Kuba stationiert? Warum riskierte man ein solches Vabanquespiel? Die Absicht war alles andere als friedlich. Sahen die Sowjets eine günstige Gelegenheit, ihren politischen Gegner zu erpressen? Was ist in ihnen vorgegangen? Den Sieg des Sozialismus mit einem Atomschlag oder mit seiner Androhung jetzt und sofort zu erringen? Das besonnene Vorgehen des amerikanischen Präsidenten Kennedy hat entscheidend dazu beigetragen, die künstlich heraufbeschworene Krise zu entspannen.

Es hätte aber nicht viel gefehlt, und die Welt wäre in einen todbringenden Atomkrieg gestürzt. Welcher Dämon die Sowjets geritten hat, - die Aggression ging zweifellos von ihnen aus – ist rational nur schwer zu ermitteln. Einzig die psychologische Analyse hat hier plausible Erklärungen: Wir sind offenbar geheimen Überfällen aus dem Unbewussten ausgesetzt, die uns überraschend treffen können. So war für die Sowjets die Versuchung groß, die günstige Gelegenheit, von Kuba aus Amerika zu bedrohen, auszunutzen. Entscheidend sind dann die Reaktionen des

Bewusstseins, der Vernunft, ob sie die aktivierte Kraft der Archetypen assimilieren kann, den Ansturm aus dem Innern in geregelte Bahnen zu lenken. Im Falle Kuba musste riskiert werden – und ein Risiko war es ganz gewiss – dem frechen Aggressor die Zähne zu zeigen. Ein ängstliches Zurückweichen hätte katastrophale Folgen gehabt. Nur durch Besonnenheit ist es möglich, solche plötzlich auftretenden Gefahren zu bewältigen. Die Sowjets hatten es offenbar für eine unerlässliche Pflicht gehalten, im Sinne eines unerbittlichen Machtkampfes die günstige Gelegenheit zu nutzen, die USA zu bedrängen. Dennoch ist es ihnen wenigstens insofern zu danken, dass sie Einsicht zeigten und einlenkten.

Aber man muss sich fragen, ob wir das immer und in jeder Situation überhaupt können, immer die Lage richtig einzuschätzen und entsprechend zu handeln wissen. Oder müssen wir vielleicht stets mit neuen Katastrophen rechnen, die wir doch unbedingt verhindern wollen? Erfasst uns dann doch, was wir eigentlich vermeiden wollten, erliegen wir dem Ungestüm des Augenblicks, weil wir die psychischen Mächte, die aus dem Unbewussten hervortreten, nicht beherrschen, mit ihnen nicht umgehen können?

Diese Problematik ist neu. Jung sieht sie in überraschender Weise und ganz ungewöhnlich als Folge der Verarmung an religiöser Symbolik, besonders in unserer westlichen Kultur. Erliegen wir denn aus Mangel an Religion leichter den Gefahren des Unbewussten? Hat uns der Kampf um Machtpositionen alle Rückbesinnung auf höhere Mächte verdrängt? Jung meint es ernst. Heute müsse das, was einstmals die antiken Götter waren, was der christliche Gott vor seinem nihilistischen Schwund war, nunmehr als psychischer Faktor, als Archetypen des Unbewussten, neu entdeckt werden. Die Beschäftigung mit dem Unbewussten werde somit zur Lebensfrage, sagt Jung, (Archetypen 26) – wir können ergänzen: zur Überlebensfrage, zur Frage des Überlebens der Menschheit im Atomzeitalter.

Wird uns nun die Psychologie den rechten Weg weisen können?

Der rechte Weg jedenfalls ist, zu lernen, Frieden wahren zu können und nicht sich auf ein kriegerisches Treiben abdrängen zu lassen, denn dieses kann tödlich sein. Das Gleiche gilt für egozentrisch betriebene Wirtschaftskriege mit schweren ökologischen Schäden. All das – es sei nochmals wiederholt – bedroht die gesamte Menschheit.

Aber die Psyche ist ein hoch kompliziertes Phänomen. Denn das psychische Leben ist – gemäß Jung - zum größeren Teil ein unbewusstes, das das Bewusstsein von allen Seiten umfasse. (Archetypen,30). Unser bewusstes Denken und Tun ist umstellt vom Unbewussten, das jederzeit in unsere bewusste Welt einbrechen kann. Die Archetypen des Unbewussten sind „Erlebniskomplexe, die schicksalsmäßig eintreten. Ihr Wirken beginnt in unserem persönlichsten Leben – oft als dämonische Übergewalt". (32). Sie wirken nach Art echter Numinosität, ohne unseren Willen und ohne beabsichtigtes Tun, wie eben das Numinose, das Wesen des Religiösen, das sich uns ungewollt zuschickt, sich ungefragt offenbart, um dann ins Bewusste einzutreten und ein vernünftiges Verstehen zu suchen.

Den Archetypen des Unbewussten ist eine gewisse Autonomie eigen mit der Tendenz, sich von der Bewusstseinskontrolle loszusagen und somit Besessenheitsphänomene zu erzeugen. (Archetypen, 41).

Es kommt aber gerade darauf an – und davon hängt es letztlich ab, ob Frieden oder Krieg wird - die erforderliche Bewusstseinskontrolle über die Archetypen des Unbewussten aufrechtzuerhalten - beziehungsweise dank eines ausgeprägten reflektierenden Bewusstseins die Kontrolle immer wieder neu zu gewinnen, bis in die Tiefen der Psyche vorzudringen, um eben Besessenheitsphänomene – und damit Gewalt und Krieg nicht aufkommen zu lassen.

Dies und nur dies ist das große Geheimnis, das den Frieden in der Welt ermöglicht, Krieg abschafft. – Aber wie ist diese Bewusstseinskontrolle über die Archetypen wirksam und faktisch zu gewinnen? Mehr noch: Wie gelangt die Menschheit in ein höheres Reifestadium, in dem sich der Mensch weitgehend von Hass und Rache, Wut und Zorn, Arroganz und Machtbesessenheit befreit hat, wie es der Buddhismus schon immer anstrebte, wie es beispielsweise der Dalai Lama und die Tibeter gegenüber China praktizieren. Sie haben keinen Hass auf China, ohne deren Gewaltakte zu billigen. Vielleicht können wir vom Buddhismus lernen, aber wir müssen doch auf dem Boden unserer europäisch-christlich geprägten Welt selbst für uns die Entscheidung suchen.

Die bereits erwähnte Unterscheidung Jungs zwischen persönlich Unbewusstem und einem kollektiven Unbewussten ist von entscheidender Bedeutung, da die Inhalte des letzteren ausschließlich auf Vererbung beruhen und nicht auf persönlicher Erfahrung. In bestimmten historischen Situationen können gefährliche Triebkräfte auftreten, die in Archetypen verborgen sind. Und Jung zeigt sich selbst überrascht über die Ereignisse seiner Zeit:

„Wer hätte denn je geahnt", schreibt er, „dass eine psychologische Entwicklung in Richtung auf ein Wiedererwachen mittelalterlicher Judenverfolgung geht", dass Europa sich erneut militärisch wappnen und wieder wie unter dem Marschtritt römischer Legionen erzittern würde, dass man den römischen Gruß wieder einführen könnte, dass „statt des christlichen Kreuzes eine archaische Swastika (altindisches Hakenkreuz mit Heilsbedeutung) Millionen von Kriegern anködern würde? So bestürzend es scheinen mag, dieser ganze Wahnwitz ist grässliche Wirklichkeit". So Jung 1934 - und er ergänzt:

„Wenn sich im Leben etwas ereignet, was einem bestimmten Archetypus entspricht, wird dieser aktiviert, und nicht nur bei ein paar unausgeglichenen Individuen, sondern bei vielen Millionen Menschen". Und dieser Archetypus trete in einer Zwanghaftigkeit auf, der sich wider Vernunft und Willen durchsetze oder einen Konflikt hervorrufe, der sich bis zum Pathologischen auswachsen könne. (Archetypen,51)

Durchforsten wir die historische Wirklichkeit, denn Geschehnisse sind es, die Archetypen aktivieren. Was hatte denn diesen Archetypus mit der archaischen Swastika aktiviert – was war geschehen?

Ein mörderischer Weltkrieg nie da gewesenen Ausmaßes war über Europa und die Welt hinweggestürmt. Der Friedensvertrag von Versailles, der das Morden beenden wollte und es tatsächlich auch für eine gewisse Zeit beendete, wurde von den Besiegten als Diktat empfunden, denn er wies ihnen alle Kriegsschuld ohne echte Begründung zu, forderte die totale Abrüstung und die Verschrottung allen noch vorhandenen Kriegsmaterials, so auch der gesamten Kriegsflotte, vom großen Schlachtschiff bis zum letzten U-Boot. Dann erlegte man dem entwaffneten Verlierer hohe Entschädigungsforderungen auf, die völlig unangemessen erschienen und wohl auch unerfüllbar waren. Alle Proteste blieben ungehört. Die Besiegten hatten noch nicht einmal Zutritt und Mitsprache zu den Friedensverhandlungen erhalten. Der Versuch und der Wille der deutschen Regierungen, diese Forderungen – unter Protest zwar - zu erfüllen, verfiel im Volk mehr und mehr der Verachtung, es formierte sich Widerwille und Widerstand. So kam die Idee einer künftigen nationalen Wiedergeburt auf, die sich sehr bald unter dem Symbol jener archaischen „Swastika" sammelte. Unter Propagierung von Idolen der heidnisch-germanischen Vergangenheit, die einen Bruch zur gelebten Gegenwart und zugleich einen Aufbruch zu neuer Größe bilden sollten, stürmte man hochgemut auf eine neue Zeit los. „Ein junges Volk steht auf zum Sturm bereit.." - dies und mehr sang bald die Jugend - im Gleichschritt marschierend - auf allen Straßen. Dass der Umbruch zur neuen Zeit bis zur Judenvernichtung großen Stils führen würde, war völlig unvorstellbar – und wurde dann auch wohlweislich geheim gehalten. Man fürchtete die Öffentlichkeit, das öffentliche Gewissen, das wieder hätte hervorbrechen können und den neuen Mythos gefährden. Das Gewissen aber wollte man einspannen für den nationalen Kampf um Macht und Größe, im Gegenzug zur Demütigung von Versailles.

Jung sah in dieser ‚grässlichen Wirklichkeit' einen bestürzenden Wahnwitz. Aber wie hätten denn die Zeitgenossen diese Vorgänge als Wahnwitz erkennen sollen? Er stellte sich doch - für viele wenigstens - als große Zukunftshoffnung dar. ‚Hitler – unsere letzte Hoffnung' kündete ein Slogan jener Zeit, als 6 Millionen Arbeitslose auf Straßen und Plätzen ihre Zeit vertrieben. War nicht eher das Friedensdiktat ein Wahnwitz und die sich ausweitende Weltwirtschaftskrise? Wie hätte man wissen können, welch schreckliches Ende dieser ‚nationale Aufbruch' nehmen würde? Sicher gab es Leute, die warnten und sich dem Trubel entzogen, aber ihr besseres Wissen speiste sich meist auch nur aus vorgefassten und starren Ideologien, die von den meisten eben nicht recht ernst genommen wurden, und der einmal losgebrochene nationale Rausch und der Zorn gegen die Arroganz der stets fordernden Siegermächte ließen sich nicht mehr zurücknehmen. - Wir beherrschen eben nicht, wie oben schon gesagt, was wir selbst tun. Psychische Mächte des Unbewussten ergreifen die Menschen, die selbst nicht recht wissen, wie ihnen geschieht. Viele sahen sich plötzlich in brauner Umgebung und gingen zu ihr über.

Wenn es richtig ist, dass ein aktivierter Archetypus sich wider Vernunft und Willen durchsetzt - sind wir dann nicht immer wieder den seelischen Elementargewalten hilflos ausgesetzt? Die bloße Vernunft ist gegen solche Gewalten kurzfristig wohl sicher machtlos, sie überlässt dem ‚Wahnwitz' das Feld, der entfachte Trieb lässt sich nicht mehr zurückrufen, selbst auf die Gefahr hin, dass er in die Katastrophe führt. Das aber erfolgt dann, wenn das bewusste Denken, also die Vernunft, nicht umfassend und differenziert genug ist und die explosiven Kräfte, die der Archetypus entfesselt hat, nicht assimilieren kann, nicht in ein Aufbauendes umwandeln. Nun stellten sich aber jene unheimlichen Mächte gerade aufbauend dar. Und weiter sang die Jugend, ganz vom neuen Geist durchdrungen, selbstbewusst und stolz: „Führer, gib die Marschbefehle, die uns kein Zweifel bricht, leuchtend steht vor unseren Augen Deutschland groß im Morgenlicht..."

Wo sollte da falsche Besessenheit gesehen werden können? Der nationale Aufschwung wurde mit Genugtuung vernommen. Selbst später im Krieg konnte der jahrelange Bombenterror gegen die deutsche Zivilbevölkerung den einmal gewonnenen ideologischen Glauben nicht so leicht ins Wanken bringen. Daran biss sich verzweifelt Bomber Command die Zähne aus. Er war ja auch einer grandiosen Selbsttäuschung erlegen, der Vorstellung, das Volk könne mitten im Krieg die eigene Regierung stürzen, einem Irrtum, der sich auch noch zum Vernichtungswahn steigerte, dessen Symbol nicht nur Dresden ist. Doch ihr Ziel haben die Bomberflotten trotz verlustreicher Einsätze nicht erreicht. Ihre völkerrechtswidrigen Bombardements festigten womöglich noch den Widerstandswillen für eine kurze Frist. Erst musste das Land in harten Kämpfen erobert und besetzt sein, ehe die nationale Katastrophe auch wirklich und uneingeschränkt akzeptiert wurde. Jetzt erst wurde der ganze Wahn voll bewusst: Über 1000 Städte und Ortschaften lagen in Trümmern, Millionen Tote waren zu beklagen, die unglaublichen Vorgänge, die in den Konzentrationslagern sich abgespielt hatten, wurden öffentlich, und tiefe Depression legte sich über das Land.

Jung konnte aufgrund seiner psychologischen Analysen voraussagen, noch ehe diese Tragödien sich ereignet hatten, „dass es nichts Böses in aller Welt gebe, dem der Mensch nicht anheim fallen könnte" - dem Rassenwahn etwa und jedwedem Verbrechen - „wenn er unter der Herrschaft eines solchen nicht assimilierten Archetypus steht". Es ist ein allgemein menschliches Problem, solchem Wahn unter bestimmten Bedingungen anheim zu fallen, und er hat sich in einigen Regionen wiederholt, so in Kambodscha, mit 2 Millionen Hinrichtungen, in Vietnam, mit 2 Millionen toten Vietnamesen und 60 000Amerikanern, ferner in Serbien, Kosovo, Irak, zuletzt in Afrika. Der Wahn als solcher blieb meist lange unter ideologischen Parolen verborgen. In Deutschland wurde er erst am Ende des Krieges voll bewusst. Jetzt erst brach die ganze Wahrheit hervor: Über 55 Millionen Tote hatte der Krieg insgesamt gefordert, eine Zahl, die jegliches Vorstellungsvermögen übersteigt, massive Zerstörungen, wo immer der Krieg gewütet hatte, besonders in Russland, Millionen Soldaten in Gefangenschaft, oft jahrelang und teilweise unter unmenschlichen Bedingungen, fast alle deutschen Städte mitsamt der Industrie waren zerstört - es war ein Ende mit Schrecken, die größte Katastrophe auf deutschem Boden seit dem 30-jährigen Krieg - und zugleich wohl eine der sinnlosesten.

Vom Wahn des Zweiten Weltkrieges fällt ein Blick zurück auf den Ersten. Ist er nicht ein eben solcher Wahn gewesen? Welche Furien hatten die europäischen Völker getrieben, in einen derart mörderischen Krieg sich zu verrennen, aus dem es, nachdem er einmal entbrannt war, kein Zurück mehr gab? Das Ende war verheerend, und einen echten Frieden brachten die Siegermächte - wohl aus nationaler Verblendung und Rache - auch jetzt nicht zustande. Auch die USA, die eher zur Mäßigung aufriefen, konnten ihr eigenes 14-Punkte-Programm nicht durchhalten.

Dieses Europa mit seinen Nationalstaaten und seiner Kolonialpolitik war - genau besehen - eine ent-christlichte Welt. Die Ankündigung Nietzsches von der Heraufkunft des Nihilismus in Europa, nachdem ‚wir' - die Europäer - ‚Gott getötet' hätten, diese Ankündigung hatte sich schleichend und heimlich erfüllt. Natürlich bestanden die Konfessionen als Institutionen noch fort, man konnte noch Protestanten und Katholiken zählen und auch noch Gottesdienste vor einer schrumpfenden Zahl von Anhängern verrichten, aber die Mythen waren längst erstorben, will sagen, der Ernst war ihnen entwichen, weil man sich unter den wiederholt verlesenen und gepredigten mythischen Sprüchen aus der Bibel nichts mehr denken konnte. Mit dem Ernst war die Glaubwürdigkeit entschwunden, wobei doch der Glaube das Wesenselement von Religion ist. Und Jung bemerkte zu Recht: „Der Verlust von Religion ist überall, auch bei zivilisierten Menschen, eine moralische Katastrophe". (Jung, Archetypen, 110). Diese moralische Katastrophe zeigte sich im Krieg und nach dem Krieg. 1920 kam es wenigstens zum Abschluss des Völkerbundes, der aber politisch wenig und moralisch fast gar nichts einbrachte. Die Satzungen wurden eher unterlaufen als befolgt, das proklamierte Selbstbestimmungsrecht der Völker wurde vielfach missachtet, und der Völkerbund selbst verfügte nicht über ausreichende Mittel, die Schlichtung aller Konflikte durchzusetzen.

Den europäischen Nationalstaaten und Herren umfangreicher Kolonialgebiete war es wesentlich um Wirtschaft und Macht und Geltung in der Welt zu tun gewesen. Neid und Misstrauen zwischen den Mächtegruppen zerrieben den Friedenswillen, und das Pulverfass Europas, der Balkan, sollte die Explosion bringen. Dass ein 19-jähriger Student aus Serbien 1914 durch ein Attentat auf den österreichischen Thronfolger einen Weltbrand auslösen konnte, ist symptomatisch. Die Spannungen und das Misstrauen waren so gewachsen, dass schließlich die Kriegserklärungen wie eine Erlösung aus den lange schwelenden Ängsten und Ungewissheiten empfunden wurden. Man begrüßte den Krieg mit Jubel, nicht nur in Deutschland.

Millionen Wehrpflichtiger wurden jetzt fast überall in Europa mobilisiert. „Diese waren", sagte später ein Berichterstatter, „die Lämmer, die zur Schlachtbank geführt wurden". (Garibaldi,34). Und bald sollten Berge von Toten die Schlachtfelder bedecken. 1916 spielte sich das Massaker von Verdun ab. In der „Hölle von Verdun" starben 700 000 Soldaten. Eine strategische Bedeutung hatte die Stadt nicht.

Nach Verdun folgte das Massaker an der Somme. „Die Schlacht entwickelte sich zu einem klassischen Artilleriegefecht. Der Granatenhagel sollte die deutschen Feinde unter sich begraben, die Maschinengewehre zerstören, die Aussichtspunkte dem Erdboden gleich machen und vor allem: möglichst vielen Feinden den Tod bringen. Aber die Schlacht verlief für die Engländer und Franzosen ergebnislos". Vergeblich waren sie gegen die deutschen Linien angerannt. Sie wurde am 26. November beendet und hatte eine Million Leben gefordert. (vgl.Garibaldi, 56)

Auf weitere Darstellungen an den übrigen Fronten des Ersten Weltkrieges kann hier verzichtet werden. Dass am Ende 10 - 12 Millionen Tote zu beklagen waren, genügt, um den Wahnsinn auch dieses Krieges sichtbar zu machen. Hinzuweisen wäre noch auf den Gaskrieg, der grausam gewütet hatte und schon damals als „sinnloses Abschlachten" bezeichnet wurde. Das Urteil eines Historikers zum ganzen Jahrhundert: „Der Völkermord kennzeichnet das 20. Jahrhundert". (Garibaldi, 6).

Das gesamte Geschehen ist als ein kollektiver Wahn zu bezeichnen, den wirklich zu begreifen nur schwer möglich ist.

Kann Psychologie dies alles begreifen? Gibt es eine Therapie, die den Wahn heilt?

Oder ist der Mensch vielleicht unabänderlich mit derartigem Wahn behaftet, dass von Zeit zu Zeit Abzahlungen in Form von Katastrophen auftreten müssen, ungewollt und doch vollstreckt?

Der Psychologe C. G. Jung hat – wie schon gesagt – das kollektive Unbewusste als einen wichtigen Teil der Psyche entdeckt. Es sind präexistente Formen, Archetypen genannt, die sich „keineswegs bloß durch Tradition, Sprache und Migration verbreiten, sondern jederzeit und überall spontan wieder entstehen können". Jung betont, dass die Archetypen nicht inhaltlich, sondern bloß formal bestimmt sind als eine „facultas praeformandi, eine a priori gegebene Möglichkeit der Vorstellungsform". (Arch. 79) Vererbt werden nicht die Vorstellungen, sondern die Formen. Das Vorhandensein von Archetypen an sich kann daher nicht nachgewiesen werden, solange sich diese nicht in concreto betätigen. Archetypen können im Grunde nicht erklärt werden. „Auch der beste Erklärungsversuch ist nichts anderes als eine mehr oder weniger geglückte Übersetzung in eine andere Bildsprache", wobei eine Verbindung mit dem Bewusstsein gewährleistet sein sollte. Die Archetypen seien zugleich auch die Urformen der religio „und bilden auch jetzt noch die wirksame Essenz allen religiösen Lebens." (Arch.116).

Es gibt für die Archetypen keinen „vernünftigen Ersatz", will sagen, Vernunft kann nicht die Stelle der Archetypen einnehmen, sie kann aber das Unbewusste ‚assimilieren', in vernünftige Bahnen lenken. Die Assimilation hängt ab von einer möglichst großen Differenziertheit des Bewusstseins, sodass eine ausgeglichene Kooperation zwischen Bewusstem und Unbewusstem möglich wird. Fehlt diese Kooperation, dann agiert das Unbewusste unkontrolliert bis zur Besessenheit, und es kommt zu „schicksalsmäßigen Katastrophen", die niemand mehr beherrscht. Das zu wenig differenzierte Bewusstsein kann einen Zusammenprall von Gegensätzen nicht auflösen, denn „es weiß nicht über die Gegensätze hinaus zu denken", ihre Möglichkeiten zur Vereinigung werden nicht erkannt.

Da aber die Lösung eines Konfliktes durch Einigung der Gegensätze von vitaler Bedeutung ist und vom Bewusstsein auch ersehnt wird, „dringt doch eine Ahnung durch" – die Ahnung einer neuen Gestalt als einer „werdenden Ganzheit, die das durch Gegensätze zerrissene Bewusstsein übertrifft." (Arch. 123).

Jung bezieht sich in diesem Rahmen auf die Symbolik des „Kindes". Kind bedeutet etwas zur Selbständigkeit Heranwachsendes. Indem das Bewusstsein das Symbol des „Kindes" ergreift, „tritt die erlösende Wirkung ein und vollführt jene Abtrennung von der Konfliktsituation, deren das Bewusstsein von sich aus nicht fähig war." Wie aber kann das Bewusstsein jene konfliktlösende Symbolik aufnehmen?

Das „Kind" ist eine mythologische Projektion, die kultische Wiederholung fordert. Das Jesuskind beispielsweise wird in kultischer Wiederholung geehrt, und der Satz: „so ihr nicht werdet wie die Kinder" ist psychologisch zu verstehen und meint die Aufforderung, Gegensätze zu überwinden. Die Kindsymbolik bedeutet das „tertium datur", Versöhnung als ein Drittes und Höheres über den Gegensätzen, die unlösbar ineinander verschlungen zu sein scheinen.

Es geht also um ein Wissen, das über das gegenwärtig Bewusste und Begrenzte hinausreicht. Dies „erschafft die unbewusste Psyche, es ist irrationaler Natur, tritt unerwartet auf, bleibt dem rationalen Bewusstsein unerklärlich und liegt im Bereich des Numinosen, des religiösen Glaubens.

Hier muss an die Philosophie Hegels erinnert werden, in der er es unternahm, „das, was geglaubt wird, auch im Wege des dialektisch-spekulativen Denkens nachzuvollziehen". Denn wenn das Geglaubte wahr sein soll, muss es auch im Denken als Wahrheit fassbar sein. Hegel suchte diesen Nachweis hauptsächlich in seiner ‚Logik' zu erbringen. Die Versöhnung der Gegensätze in einem höheren Dritten ist das Resultat des sein Wesen denkenden Geistes.

Für gewöhnlich ist aber das Einheit stiftende Dritte nicht greifbar. Man bleibt in der Konfliktsituation befangen und sucht eine Lösung als ultima ratio in der Gewalt. Krieg soll die Lösung bringen und hat in der Geschichte auch immer Lösungen in Gestalt von Sieg und Niederlage gebracht. Man fühlte sich dabei besten Gewissens im Recht, und das Recht, zum Krieg schreiten zu dürfen, wurde gar dem Souverän seit dem 17. Jahrhundert uneingeschränkt zuerkannt. Der Souverän war außer Gott niemandem Rechenschaft schuldig. So hatte man selbst Gott auf seiner Seite, und alles hing davon ab, ob man eine starke Armee ins Feld führen könnte. Dabei blieb das rationale Bewusstsein in sich gefangen, für das eben das „tertium non datur" gilt: es gibt kein Drittes.

Wenn nun die religiösen Mythen unter dem Entwertungsprozess des Nihilismus allmählich erstorben sind, - so etwa das Symbol des Kindes, - und wenn ein dialektisch-spekulatives Denken, das ein Drittes zu erweisen sucht, nicht nachvollziehbar und nicht praktikabel erscheint, bleibt der Streit der Staaten nur durch Krieg lösbar. Der Mangel an verbindlichen Mythen lässt ihn gar bald hemmungslos ausufern, Normen des Rechts und der Moral verlieren ihre Wirkkraft – Krieg wird zum Vernichtungskrieg großen Stils, der selbst die Zivilbevölkerung nicht verschont. Verfügen die Kotrahenten über Massenvernichtungswaffen, gibt es im Extremfall und in bedrängter Lage keine geistig-moralische Hemmschwelle mehr, alle verfügbaren Waffen zum Einsatz zu bringen - und die Weltkriege des 20. Jahrhunderts erscheinen im Rückblick dann nur noch als Vorankündigungen von Schlimmerem.

Der Mensch in seinem Wahn setzt zur Selbstvernichtung an, vollbringt, von unsichtbaren Mächten getrieben, was er eigentlich gar nicht will, und vielleicht bleibt noch nicht einmal mehr Zeit zur Reue. Denn der Bewusstseinsprozess ist nicht nur „beständig begleitet, sondern auch öfters geleitet von unbewussten Vorgängen. Wir haben Ahnungen und Wahrnehmungen aus unbekannten Quellen, Ängste, Launen, Absichten, Hoffnungen aus unersichtlicher Kausalität." (Arch. 133).

Muss deshalb der Wahn des Krieges ein ständiger Begleiter menschlicher Geschichte sein?

Der Krieg ist aber doch – und das ist die Glanzleistung der Rechtsentwicklung bis zum 20. Jahrhundert – verboten. Nach den Satzungen der Vereinten Nationen vom Juni 1945 haben alle Mitglieder in ihren internationalen Beziehungen jede Androhung oder Anwendung von Gewalt zu unterlassen. Nur die Selbstverteidigung gegen bewaffnete Angriffe gilt als naturgegebenes Recht.

Die Schwachstelle liegt aber nur dort, wo ein Angriffskrieg propagandistisch getarnt wird, um zum Schein in die Rolle eines Verteidigungskrieges zu schlüpfen. Wird die List nicht durchschaut, ist der Aggressor im Vorteil, und sein bewusster Größenwahn trifft möglicherweise auf ein unbewusstes Minderwertigkeitsgefühl, oder umgekehrt, bewusste Minderwertigkeit auf unbewussten Größenwahn. „Man findet nie das eine ohne das andere" vermerkt Jung und verweist damit auf die grundsätzliche Unberechenbarkeit von Anwendung von Gewalt, sodass ein rechtliches Verbot allein nie eine sichere Garantie sein kann.

Liegt diese Unzulänglichkeit an der Unfähigkeit unseres reflektierenden Bewusstseins, das mit den Aktivitäten des Unbewussten nicht umzugehen gelernt hat? Oder hat der Krieg auch noch eine andere Dimension, außerhalb des Rahmens von Epidemie und Wahn? Kann Krieg vielleicht auch lebensnotwendig sein und zu Recht geführt werden müssen, nicht nur zur territorialen Verteidigung? Gelten vielleicht auch noch ganz andere Maßstäbe?

So spricht der Althistoriker Fritz T a e g e r vom Krieg als einer „heroischen Tragik des Lebens", in die der Mensch unweigerlich eingebunden sei. Hier ist kein Gedanke an Wahn im Spiel, nur die Bitternis des Lebens, das sich heroisch zu bewähren habe und letztlich doch eines gewissen Stolzes nicht entbehrt. Dennoch müsse zugegeben werden, so Taeger, dass es den Missbrauch gebe, der verantwortungslos für unlautere Ziele Opfer fordere. Aber:

„Kein Missbrauch ändert etwas an der Tatsache, dass das Leben den Kampf und auch das Opfer will. In den Tiefenschichten des Unbewussten haben die Menschen das stets gewusst; immer noch bringt freudig jedes Opfer, wer von den größeren Ordnungen weiß, in die er gestellt ist."

Seit alters hätten die Völker in ihren Dichtern und Denkern vom ewigen Frieden geträumt, vom Triumph des Rechtes über die Gewalt. Es sei billig, darüber zu spotten. Kampf und Macht – so heißt es weiter – seien „zwei dämonische Geschwister. Macht ist an sich nicht böse, aber eine gefährliche Verführerin , die an die guten und bösen Seiten des Menschen in einem Atemzug appelliert. Das Streben nach ihr ruht in den geheimsten Tiefenschichten und ist immer von Gefahren umlauert." (Taeger, Altertum,5ff).

Nach Taeger sind also Kampf und Opfer dem Menschen wesensgemäß verordnet, mögen sich auch Vernunft und Gefühl „gern" dagegen immer wieder aufgelehnt haben. Aus den geheimsten Tiefenschichten bricht immer wieder das Bedrohliche hervor und ist nicht durch Vernunft zu beherrschen. Der Mensch ist auf den Wechsel von Krieg und Frieden programmiert und bleibt dieser Tragik unausweichlich verhaftet.

Es sind die geheimsten Tiefenschichten, aus denen sich unweigerlich das Zerstörungspotential des Menschen speist. Klingt das nicht sehr realistisch und tragisch zugleich? Hat die Menschheit nicht über die Jahrtausende hinweg diesen Kreislauf erfahren und durchlitten? Taeger glaubt zu wissen, wovon er spricht, überblickt er doch – wie er sagt – „6000 Jahre menschlicher Geschichte", und er hatte stets „den Mut, nach den tieferen Gründen zu fragen". Er findet am Ende mit Platon, einem der ganz großen Philosophen, im Kreislauf die letzte geschichtliche Wahrheit. Dieser Kreislauf beschreibe „den Weg von der religiösen Gebundenheit zur Freiheit, von der Freiheit zum Missbrauch der gewonnenen Macht und von der Auflösung zu neuer Bindung, weil die Menschen nicht Maß zu halten wissen".(7). Fliehen aber die Menschen den Kampf, weil sie in irgendeiner Weise müde geworden sind, „dann triumphiert die Despotie, die keine Freiheit duldet - bis neue Kräfte in der Stille heranreifen". (7).

Dieses Urteil ist – so will es scheinen – das Vermächtnis der Antike, der alten Geschichte, repräsentiert in den Worten von Fritz Taeger, dessen Auge - wie gesagt - 6000 Jahre menschlicher Geschichte überblickt - und diesem Auge wolle es dünken, sagt er, dass Kampf und Sieg immer bleiben, in tragischer Verstrickung mit Schuld und Versagen.

Wohl mag das recht gesagt sein aus dem Erfahrungshorizont der Antike. Die geschichtlichen Entwicklungen der antiken Menschheit hatten ja „zu den ragenden Gipfeln einmaliger Entfaltung geführt und zugleich zur Not chaotischer Zersetzung".(Taeger)

Das sei unbestritten, und auch in der Neuzeit noch zehrt die Menschheit von den grandiosen Leistungen der Antike, und sie erlaubt immer noch den Rückgriff auf ihre großen Gestaltungen, die, wenn sie auch nicht mehr unmittelbar Vorbild sein können, aber doch Maßstäbe bieten.

Aber der Mensch der Neuzeit und aller nachfolgenden Zeitalter haben noch mit einem ungeheuren und gewaltigen Phänomen zu tun, das unvergleichbar ist mit allem, was in den vergangenen 5000 Jahren sich an menschlicher Kulturleistung gezeigt hat, das selbst den Griechen fremd ist. „Der Grieche bleibt stecken in geschlossenen Weltbildern, in der Schönheit seines gedachten Kosmos, in der logischen Durchsichtigkeit des geschlossenen Ganzen." (Jaspers, Ursprung u. Z. der Geschichte, 91). Der neue Aufbruch aber ist einmalig und europäisch, er hat weder bei den Griechen noch in Indien oder China noch anderswo unmittelbare Vorbilder. Er ist ein geistiger Aufbruch, der sich dem All des Geschaffenen öffnet, denn alles, was als Schöpfung Gottes gilt, ist wissenswert. Er hat somit eine christliche Basis. Es ist die gesamte Schöpfung Gottes, der man sich anfangs in frommer Demut näherte, die man dankbar bewunderte. So erschloss man immer neue Dimensionen der Natur und des Geistes und drangt immer weiter in Unerforschtes vor: Es sind die modernen Wissenschaften, die methodisch streng vorzugehen gelernt hatten, allen voran die Naturwissenschaften im Verbund mit der Technik. Diese sprengten alle Grenzen überlieferten Wissens und Könnens und setzten gar die überkommenen Normen außer Kraft, so auch die der von der Antike ererbten christlichen Religion - und scheinen bis heute in ein unabsehbares Chaos zu steuern. Aber alle Methoden, die zur Erforschung der Schöpfung entwickelt wurden, reichen nicht aus und sind unagemessen zur Erforschung des Schöpfers selbst. Wir können ihn immer weniger verstehen und erkennen, zumal die alten Urteile und metaphysischen Überzeugungen angesichts der Wissenschaft immer unglaubwürdiger geworden sind. Gottvergessenheit breitet sich aus, und der ganze religiös-metaphysische Horizont ist wie weggewischt, und Nietzsche konnte rufen: „Wer gab uns den Schwamm, um den ganzen Horizont wegzuwischen? Was taten wir, als wir diese Erde von ihrer Sonne losketteten? - Wir haben Gott getötet", will sagen, unser wissenschaftliches Wissen hat Gott zum Verschwinden gebracht, er ist unglaubwürdig geworden, wir haben ihn der Vergessenheit überlassen und sind dem Nihilismus anheim gefallen. Die ‚Heraufkunft' des Nihilismus hatte Nietzsche schon gegen Ende des 19. Jahrhunderts angekündigt.

Dennoch: Ein gewaltiger Aufbruch nie gekannter Größe, und ohne den Schöpfungsglauben wohl undenkbar. Uralte Menschheitsträume erfüllen sich nun – man denke etwa an den Traum vom Fliegen, der sich erfüllt und übererfüllt hat, wenn heute tonnenschwere Flugzeuge sich in die Lüfte erheben und Überschallgeschwindigkeit erreichen, wenn die Menschheit in den Kosmos aufbricht, um fremde Sonnensysteme zu erkunden und die Erde uns wie ein ‚blauer Punkt im All' erscheint (Sagan), sodass die alten Träume auch noch von der technischen Entwicklung in den Schatten gestellt werden. Dieses neue technische Zeitalter macht uns nicht nur die Erde in neuer Weise untertan, es lässt die durch Kontinente getrennten Menschen einander näher rücken wie nie zuvor.

Angesichts dieser veränderten Weltsituation muss gefragt werden, ob immer noch die Devise Geltung haben kann, die der Antike angemessen schien, dass nämlich ‚das Leben den Kampf und das Opfer will' und damit den Krieg als Mittel zur Entscheidung von Konflikten billigt oder fordert. - So fragen wir angesichts der Kriege mit Maschinenwaffen: Will „das Leben" wirklich die Opfer in Millionenhöhe, die Schlachtfelder mit Bergen von Toten, deren man später auf unübersehbaren Soldatenfriedhöfen trauernd zu gedenken sich verpflichtet sieht?

Will das Leben wirklich tausend und mehr zerstörte Städte mit Millionen ziviler Todesopfer und den unwiederbringlichen Verlust gewachsener Städtelandschaften? Wohl kaum. Aber immer noch stürzen wir in Kriege, die Opfer fordern wie nie zuvor.

Hatte nicht schon der 30-jährige Krieg alles Maß überschritten, sodass er zur größten Katastrophe auf deutschem Boden wurde?

Dieser Krieg war zum europäischen Krieg geworden, seit Schweden und Frankreich sich einmischten. Der Kaiser in Wien war im Begriff, Deutschland der Gegenreformation auszuliefern. Der Schwedenkönig nahm als Protestant Verbindung mit den deutschen Protestanten auf und wurde dank seiner schlagkräftigen Heeresmacht zum Retter des deutschen Protestantismus. Das katholische Frankreich wurde sein Bundesgenosse. Kaiser und Reich standen im Zweifrontenkrieg, dem sie schließlich erlagen.

Der Westfälische Friede von Münster und Osnabrück von 1648 traf Abmachungen machtpolitischer Art zugunsten Frankreichs und Schwedens, in der Konfessionsfrage ging es nur noch um Besitz. Konfessionspolitisch handlungsfähig waren im Reich nur noch die Landesherren, neben den katholischen und lutherischen nun auch noch die kalvinistischen. Religion wurde verteilt nach dem Prinzip: cuius regio, eius religio, der Landesherr hat die Religion seiner Untertanen zu bestimmen. Die Landesherren erhielten völkerrechtliche Souveränität und konnten eigene Außenpolitik treiben, unabhängig von Kaiser und Reich. (vgl. W. Näf, Epochen,322ff).

Den am 30-jährigen Krieg beteiligten Mächten ging es wesentlich um Macht, und Machtpolitik wurde fortan zum großen ‚Fürstensport', bei dem die Völker selbst nichts zu bestimmen hatten. Sie mussten nur die Opfer bringen.

Die Bevölkerungsverluste im 30-jährigen Krieg waren beträchtlich. „Nach vorsichtigen Schätzungen sind im Deutschen Reichsgebiet 40% der Landbevölkerung durch Krieg und Seuchen vernichtet worden, die Stadtbevölkerung hatte etwa 33% Verluste zu beklagen. (Hubatsch, Absolutismus). Nähere Untersuchungen über die Opfer fehlen meist in den jüngsten Darstellungen. Das Interesse richtet sich eben in erster Linie auf die Ergebnisse der Machtpolitik und auf die Formen der Herrschaft.

Im Grunde entsprangen die Hegemonieansprüche, um die gerungen und geblutet wurde, der Hybris von Königen und Herrschern. Nach dem Sinn von Macht wird kaum gefragt, man begnügt sich, sie auszuüben und die eigenen Ansprüche durchzusetzen, koste es, was es wolle. Frieden diente nur zur gegenseitigen Abgrenzung und Wahrung der je eigenen Machtansprüche. Zum 30-jährigen Krieg bemerkt der Historiker Otto Brunner: „Wohl waren die unmittelbaren Kriegsverluste nicht allzu hoch. Umso schlimmer wüteten Seuchen in der durch Hungersnöte geschwächten Bevölkerung. Schwer abzumessen sind die wirtschaftlichen Verluste, die Zerstörung der Häuser, weil sich keine Bewohner mehr fanden." (Brunner, dt. Gesch.;314f).

Immerhin war die Idee der Toleranz ein bleibendes Erbe der Religionskriege. Aber die Gräuel der Kriege werden meist verschwiegen oder kurz gehalten, und es sträubt sich wirklich der Stift, diese Dinge zu beschreiben. Zum Ende des Krieges vielleicht nur so viel:

„Das Land glich einem riesigen Friedhof. Pest und Hunger forderten Tausende, ja, Millionen von Opfern. Auch Lebende wurden erschlagen und verzehrt. Erst als das Kriegführen sich nicht mehr lohnte, wurde

1648 Frieden geschlossen. Die Souveränität der Landesherren brachte den Untertanen für 200 Jahre totale Abhängigkeit und einen sklavischen Untertanengeist." (Dollinger, Schwarzbuch; 230ff).

Man beachte:Als der Krieg sich nicht mehr lohnte, weil alles vernichtet war, schloss man schließlich Frieden. Aber niemand hatte jemals die Idee gehabt, dass der Krieg, noch ehe er zum Ausbruch gekommen war, sich niemals lohnen würde. Solche Gedanken konnte man einfach nicht fassen, das Denken war undifferenziert, die Archetypen des Unbewussten konnten vom Bewussten nicht assimiliert werden. Dass dieser Krieg sowohl der längste als auch der sinnloseste war, wusste man erst hinterher, als die Bevölkerung im Reich von etwa 21 Millionen auf 13 Millionen geschrumpft war und unbeschreibliches Elend hatte ertragen müssen. Was hatten die Heere bloß angerichtet, welchen Wahn-Ideen waren sie gefolgt! Es war wesentlich die Verabsolutuierung von Macht und Besitz, der selbst die Religion mit ihrem konfessionellen Streit unterworfen war.

Wir müssen fragen, wie das Schreckliche über Land und Leute gekommen ist, welche psychischen Mächte diese Epidemie ausgelöst haben. Selbst die großen Heerführer des Krieges, Tilly, Wallenstein, Gustav Adolf haben das Morden nicht überlebt. Von ‚heroischer Tragik des Lebens' kann hier wohl kaum noch die Rede sein, viel eher von sinnlosem Abschlachten, Zerstörungswut, Besessenheit - Wahnsinn.

Diese Katastrophe war nun kein Naturereignis, sondern die Menschen allein hatten sich in dieses Morden unausweichlich hineinkatapultiert, das an Sinnlosigkeit kaum noch zu überbieten ist – mit Ausnahme vielleicht der Weltkriege im 20. Jahrhundert. Offenbar war das bewusste Denken der Psyche noch so unterentwickelt, dass es dem Ansturm des Unbewussten nicht gewachsen war und in blinde Besessenheit ausuferte. Das Unbewusste zeigte sich offenbar in einem grenzenlosen Machtbewusstsein, das sich dünkte, Gott auf seiner Seite zu haben und keinerlei Kompromiss dulden wollte. Die Toleranz-Idee war erst das Resultat nach dem Ende dieses blutigen Streites.

In diesem Zusammenhang ist es interessant, was dem Völkerrechtler Friedrich Berber aufgefallen ist. Er zitiert einen amerikanischen Völkerrechtler:

„Es ist erstaunlich zu sehen, dass die Menschen dieser Generation, die unter einem schrecklichen totalen Krieg lebte, dem Kriegsrecht den Rücken kehrte, obwohl Hugo Grotius unter dem Eindruck dieses dreißigjährigen Krieges die Notwendigkeit einer ‚temperantia belli', einer Mäßigung des Kriegführens, nahe gelegt hatte". Als Ursache für die Missachtung jeglichen Kriegsrechts werden angeführt: Gleichgültigkeit, Apathie, Wunschdenken etc. (Berber II, 58).

Diese Feststellungen passen zu der psychologischen Analyse, dass, wenn das bewusste Denken aus Mangel an Differenziertheit dem Ansturm des Unbewussten nicht gewachsen ist, dieses also nicht ‚assimilieren' kann und somit Besessenheit erzeugt. Die Ausnahme von Hugo Grotius ändert daran nichts. Wäre das grotianische Denken schon verbreitet gewesen, hätte wohl – so lässt sich folgern – der schlimme Krieg vermieden werden können. Also muss zur Vermeidung des Krieges – wie schon gesagt – das Wissen im Rahmen des Denkens möglichst umfassend und tiefgründig erschlossen werden, um einem aufkeimenden Ansturm aus dem Unbewussten nicht zu erliegen, sondern diesen in ein Aufbauendes umwandeln zu können, will sagen, durch Wissen und Bildung und Weisheit die Macht der Archetypen ins Positive umzubiegen. Um den Bildungshorizont möglichst weit zu gestalten, käme der Pädagogik eine neue, nie da gewesene Verantwortung zu, denn von ihren Erfolgen würde zu nicht geringen Teilen schließlich der Frieden in der Welt abhängen. Nun scheint Pädagogik, theoretisch und praktisch, heute ein Lieblingsthema zu sein. Eine Fülle von Theorien, Systemen, Analysen überschwemmen den Markt, sodass eine Orientierung immer schwieriger wird und schließlich von politischen Ideologien abhängig ist wie etwa die „Sowjet-Pädagogik", die sich buchstäblich als „Werkzeug" zur Festigung des Sowjetstaates und des Aufbaus der klassenlosen Gesellschaft verstand. (vgl. Jessipow/ Gontscharow, Pädagogik; dt. Berlin 1948; 14ff).

Pädagogik als Werkzeug für politische Machtzwecke ist wohl nicht zum Nutzen der Zöglinge. Diese Tendenzen haben den Kartenhaus-Effekt an sich. Sie stürzen zusammen, wenn die herrschende politische Ideologie kollabiert. Die in diesem Geiste aufgewachsenen Zöglinge stehen dann vor einem Nichts. Sie sehen sich für fremde Zwecke missbraucht. Sie hatten sich womöglich mit Leib und Leben einem System verschrieben, das viel versprach und wenig hielt. Auch für die sozialistischen

Adepten im Westen sollte Pädagogik ein Mittel zur Umgestaltung der Gesellschaft sein im Sinne einer sanften Revolution, wohl nicht wie im Sowjetsystem, das durch seine blutigen Gewaltakte Abscheu erregte, aber doch eine Umgestaltung der Gesellschaft, in der es keine ‚Klassenschranken' mehr geben sollte. Aber auch diese sozialistischen Träume haben sich in der Praxis nicht bewährt und sind gescheitert. Ein ‚gemeinsames Lernen' für alle quer durch alle Begabungsstufen kam bald an seine Grenzen. Dagegen hat der Pädagoge Alfred Petzelt, Wissenschaftler und Praktiker zugleich, der Pädagogik Eigenständigkeit verschafft, indem er ihre Prinzipien ‚auf dem eigenen Acker' suchte. So erscheint es ihm wichtig, „dass sich das Lernen von den zeithaft wechselnden Formen der organisierten Pädagogik frei macht" (Petzelt; Pädagogik, 33), im „Begriff des Pädagogischen" den Maßstab für mögliche Ziele findet und nicht in den schwankenden Gebilden des Tages und der Stimmung. (30). Das Spezifische des Pädagogischen ist „auch zugleich der Ort des Ethischen" (10). Die Prinzipien des Pädagogischen sind „keine Spielereien, blasse Spekulationen auf hohen Türmen, um die bekanntlich viel Wind weht". Es geht vielmehr um „das Fundament, das das Ich braucht, um im Falle schwerster Erschütterungen gerüstet zu sein und feststehen zu können", es geht um „die Besinnung auf die Grundlagen unseres Daseins". (Petzelt,a.a.O.)

Extrem formuliert könnten wir jetzt eine Kurzformel aufstellen: Bildung und Erziehung helfen nicht nur dem Ich in seiner persönlichen Daseinsbewältigung, sie helfen auch, da es um die Besinnung auf die Grundlagen des Daseins geht, mit den Mächten des Unbewussten umzugehen, oder sollten doch die Fähigkeit dazu entwickeln können, die Macht der Archetypen ins Positive zu wenden, Besessenheit zu vermeiden, will sagen, Bildung und Erziehung, verantwortlich gepflegt, können verhindern, in dumpfe Besessenheit abzugleiten. Jeder erfolgreiche Pädagoge ein Held des Friedens!

Hinter diesem etwas flotten Spruch steckt ein wahrer Kern. Es gilt eben zu lernen, mit den Mächten des Unbewussten umzugehen. Dazu ist eine Erweiterung des Bewusstseinshorizontes und Besinnung auf das eigene Selbst nötig. „So ist es nicht übertrieben zu sagen", bemerkt die Psychologin und Schülerin von Jung, Marie Luise von Franz, „dass alle Geistes- und Naturwissenschaften, dass die Religionen, Künste und gewöhnlichen Verhaltensweisen der Menschen durch die Entdeckung des

Unbewussten in einer völlig neuen Beleuchtung vor uns stehen, dass davon die ganze Selbstbewertung und vielleicht auch die Lebenserhaltung unserer Kultur abhängen"(Franz, 11), und, um ergänzend hinzuzufügen, das Überleben der Menschheit überhaupt. Denn nicht-assimilierte Archetypen des Unbewussten können zu Besessenheiten führen, die sich dann austoben in Krieg und Zerstörung.

Vielleicht sollte man sich in diesem Rahmen an Sokrates erinnern und fragen, was es zu bedeuten habe, dass er in schwierigen Situationen auf sein ‚Daimonion' hörte und damit stets gut beraten war. Wenn seine ‚innere Stimme' als aktivierter Archetypus zu verstehen ist, dann wusste er, diesen in eine vernünftige Bahn zu lenken, das Unbewusste in ein positiv Bewusstes zu erheben - und eben dies ist die Kunst, mit der Macht der Archetypen umzugehen.

Doch bis heute ist das Kriegstreiben nicht aus der Welt. Der Terrorismus islamischen Ursprungs liegt noch immer auf der Lauer. Dabei scheint der Westen im Hinblick auf Bin Laden, dem Gründer der Terrororganisation Al-Kaida, sich in einem Dilemma zu befinden: „Wenn wir Bin Laden fassen und vor Gericht bringen, geben wir ihm eine Plattform zu weltweiter Propaganda. Wenn wir ihn umbringen, wird er zum Märtyrer. Wenn er uns entwischt, ist er Robin Hood. Bin Laden kann gar nicht mehr verlieren". So werden die zu allem entschlossenen Terroristen weitermachen mit ihrem Krieg gegen die ‚Ungläubigen'. (Dollinger, 560f).

Ob die bewaffnete Intervention der Amerikaner im Irak eine kluge Entscheidung war, ist noch immer ungewiss. Ausschlaggebend für die Zukunft ist, ob die Demokratie in islamischen Territorien überhaupt Fuß fassen kann. Wenn das gelingt, kann auch Amerika einen Erfolg für sich verbuchen.

Im Prinzip hat Küng ganz sicher Recht, wenn er sagt, „ohne einen Dialog mit dem Islam wird es weder einen dauerhaften Weltfrieden noch ein konfliktfreies Miteinander mit den Muslimen geben" (Küng, Islam). Küng schließt sich der Hoffnung „vieler Muslime von Marokko bis Iran, von Afghanistan bis Indonesien an, dass der Islam und moderne Demokratie sich finden mögen", dass er in der politischen Praxis nicht weiterhin autoritär bleibe, dass ein demokratisches System mit Gewaltenteilung entstehe, dass eine von der Geistlichkeit unabhängige Regierung auf der Basis unabhängiger Parteien sich bilden werde.

Küngs Hoffnungen reichen noch weiter ins eigentlich Theologisch-Religiöse:

Er hofft,

> - dass der Koran keine buchstabenfixierte Auslegung, sondern eine Auslegung nach Geist und Sinn finde,

> - dass er kein legalistisch überwuchertes, sondern ein nach Maßstäben des Ur-Islam geläutertes und für unsere Zeit neu interpretiertes religiöses Erbe pflege.

Es sei eben kein geschichtlicher Zufall gewesen, - so Küng - dass islamische Länder nicht zur Industriegesellschaft sich fortentwickeln konnten, weil die arabisch-islamische Kultur sich auf ihren längst vergangenen Höhepunkt fixiert habe, sich so selbst blockierte und alle Reformen unterdrückte. Auf diese Weise habe die islamische Welt sich eine wissenschaftliche, technische, militärische und kulturelle Unterlegenheit gegenüber dem Westen eingehandelt, „die bis heute kompensiert wird durch den Kampf gegen den ungläubigen Westen". (Küng, Islam, 765 f).

Wissenschaft und Technik des Westens konnten von der islamischen Welt nicht verarbeitet werden „im Sinne einer Integration in die eigenen Wertemuster" – oder, mit Jung zu reden, die Archetypen zu Wissenschaft und Technik konnten auf Grund eines rückständigen Bildungsniveaus und verkrusteter Wertvorstellungen nicht assimiliert werden. Die aktivierten Archetypen wirken dann unkontrolliert in Richtung auf eine Besessenheit – deutlich sichtbar im islamischen Terrorismus, geleitet vom Wahn eines Kampfes gegen die ‚Ungläubigen', die zu unterwerfen oder zu vernichten seien.

So gesehen ist der Terrorismus ein Kulturproblem. Menschen, die in einer archaisch geprägten Welt leben, sind Triebkräften, also aktivierten Archetypen, ausgesetzt, die sie nicht assimilieren können. Sie haben die islamische Welt in Konflikte getrieben, die eindeutig das Siegel der Besessenheit tragen. Sie transponieren ihre Konflikte nach außen, werfen sich gewalttätig auf die westliche Welt und merken nicht, dass sie es selbst sind, die den Konflikt in sich haben. Sie können ihn aber selbst nicht lösen.

Für den Westen wäre demzufolge der Kampf gegen den Terrorismus in erster Linie psychologisch zu führen, das kulturelle Defizit abbauen zu helfen, jeder Aggressivität aber zu widerstehen.

Freilich ist es nicht angebracht, Menschen, die der Gewalt von Archetypen anheim gefallen sind, allein mit militärischen Mitteln begegnen zu wollen. Und doch ist es nicht zu umgehen, gegen die Hintermänner todesbereiter selbstmörderischer Fanatiker Härte zu zeigen, um mögliche weitere Verbrechen im Keim zu ersticken.

Der Kampf gegen diesen terroristischen Wahnwitz ist ein Balance-Akt und wird langwierig sein, wie man im Westen wohl weiß. Diesen Abwehrkampf als Krieg zu bezeichnen, weckt falsche Vorstellungen. Der Begriff Krieg enthält doch immer noch einen Anschein von Kriegsrecht. Aber dieser Abwehrkampf ist kein Krieg gegen den Islam als solchen, schon gar nicht ein Religionskrieg. Er ist aber auch kein Krieg gegen bestimmte islamische Staaten oder Völker. Er ist eher ein Kampf gegen eine islamistische politische Ideologie, die von der Religion einige Schlagworte borgt und heimtückisch, mörderisch und selbstmörderisch agiert. Sie ist zugleich eine Art von Weltverbesserungswahn, wenn alle Welt - hört man die Hasstiraden der Fanatiker – islamisch werden und die Ungläubigen unterworfen werden sollen.

VIII. Zum Ewigen Frieden

> Nemo est,
> qui pacem habere nolit.
> (Augustin, C.D.; XIX,12)

Ehe ein Frieden geschlossen werden kann, muss sein Gegenspieler, der Krieg, beendet sein. Ehe ein ewiger Friede in der Welt sich etablieren kann, muss der Krieg als ewige Wiederkehr bewaffneter Auseinandersetzung aufgehoben, abgeschafft sein.

Aber, wenn Augustin gemäß Motto Recht hat, gibt es im Grunde niemanden, der keinen Frieden will, denn auch diejenigen, welche Krieg wollen, trachten danach, durch Krieg zu einem nach ihren Vorstellungen ruhmvollen Frieden zu gelangen. So kann Augustin sagen, dass jeder durch Kriegführung Frieden will, keiner durch Friedensschluss Krieg. Und wer den Frieden stört, hasst ja nicht den Frieden als solchen, sondern will nur einen anderen Frieden, der seinen Wünschen entspricht.

Diese eigentlich recht simple Konsequenz ist offenbar in der Geschichte nie recht präsent gewesen, weil Krieg und immer wieder Krieg in der Geschichte der Menschheit die Szene beherrschte, um die je eigenen Friedenswünsche durchzusetzen, ohne dass die Qualität der Friedenswünsche unmittelbar zum Problem gemacht worden wäre. Jeder hielt seinen Standpunkt für allein wahr und gerecht, der jeweils andere verfiel der Ächtung. Man kann hier von einer Eindimensionalität des Denkens sprechen, die Macht will und nur den Weg der Gewalt kennt. Der Sieg gilt dann als Prüfstein für die Richtigkeit und Wahrheit der subjektiven Zielsetzung.

Wenn aber der bestehende Frieden ein Gewaltfrieden ist, der weder Freiheit noch Gerechtigkeit duldet und in Wahrheit Despotie ist, so gilt ein Krieg gegen diese als ein gerechter Krieg, als bellum iustum, wie schon die Römer sagten. Aber Recht und Unrecht ist nicht immer so gleichmäßig verteilt. Dass auch beide Kontrahenten aus ihrer Sicht der Dinge einen gerechten Kriegsgrund für sich in Anspruch nehmen konnten, wurde lange Zeit nicht gesehen. Eine höhere Instanz, die darüber gültig hätte entscheiden können, gab es nicht. Erst die Erfahrung vieler

Kriege ließ den Gedanken aufkeimen, dass eine Entscheidung darüber, auf wessen Seite die Gerechtigkeit und Wahrheit steht, vielfach nicht möglich ist, dass also beiderseits ein gerechter Krieg geführt werden kann. Der Begriff des bellum iustum war damit überholt, die Unentscheidbarkeit dieser Frage musste anerkannt werden. Krieg war damit ein berechtigtes Verfahren geworden, allein um Machtfragen zu entscheiden. Zur Disposition stand nur noch die Art der Kriegführung. Für Hugo Grotius, dem ‚Vater des Völkerrechts', galt schon die Sicht des beiderseits gerechten Krieges, sodass es ihm nur noch um das Recht im Krieg - ius in bello - gehen konnte, welche Kampfesweise als unberechtigt zu gelten habe, welche politischen Vereinbarungen zwischen den Kontrahenten zu gelten hätten, so etwa die Pflicht zur Kriegserklärung zu Beginn eines Krieges und der Friedensschluss zur Beendigung der Kampfhandlungen. Damit war das Völkerrecht aus der Taufe gehoben, das auch prinzipielle Anerkennung unter den Mächten fand.

Die Kriegsphilosophie des preußischen Generals Clausewitz im 19. Jahrhundert begriff den Krieg als einen unumgänglich notwendigen Akt der Gewalt, um den Gegner zur Erfüllung des Willens des siegreich Kriegführenden zu zwingen. Krieg und nicht Frieden war hier das ständig parate Mittel in der Hand der Machthaber auf dem europäischen Kontinent, und das Wort, dass der ewige Friede ein Traum sei - und nicht einmal ein schöner - machte die Runde. Krieg und Hass und Feindschaft galten als blinde Naturtriebe, die zu respektieren seien.

Diese martialische Auffassung war durchaus nicht immer europäisches Allgemeinbewusstsein gewesen. So hatte schon Dante um 1318 ein Weltsystem des Friedens entworfen, eine Art Weltmonarchie, in der die Herrscher nicht unumschränkt Macht besitzen sollten, sondern Schirmherren des Friedens und des Rechts sein sollten in einer Gemeinschaft gleichberechtigter Republiken. Diese Idee eines umfassenden Weltfriedens wurde von dem Humanisten Erasmus von Rotterdam aufgenommen und als Postulat in seiner Schrift ‚Querela Pacis' von 1518 verkündet.

Solche Friedensentwürfe bezeugen die Sehnsucht der Menschen inmitten einer von Kriegen zerrissenen Welt, sind aber Ideen und theoretische Entwürfe geblieben, mehr Traum und Wunsch als Wirklichkeit. Die Realität wurde dabei schlichtweg überflogen, und man landete im

Reich der Utopie, wie die Schrift ‚Utopia' von Thomas Morus von 1516 anzeigt.

Einzig Kant ging in seiner Schrift ‚Zum ewigen Frieden' von 1795 stärker auf die Realität zu, indem er die Vorbedingungen eines Friedens in der Welt unter die Lupe nahm: Eine republikanische Verfassung für alle Staaten wurde gefordert, ein Bund freier Staaten, ein Völkerbund, basierend auf dem Völkerrecht, die Abschaffung stehender Heere. An eine allgemeine Wehrpflicht war damals ohnehin noch nicht zu denken. Diese aber gerade sollte später die Einrichtung der stehenden Söldnerheere ablösen, um noch umfassender als je zuvor und verschwenderischer Schlachtpläne aufstellen und Massenheere in die Schlachten werfen zu können.

Dennoch wuchs die Friedensidee weiter. Die Romantik griff sie auf, und Novalis, Dichter der deutschen Frühromantik, war überzeugt, dass die „heilige Zeit des ewigen Friedens zusammen mit einem höheren religiösen Leben" ausbrechen werde, wie er in seinem Fragment „Die Christenheit oder Europa" 1799 darlegte.

Bemerkenswert ist der Gedanke, dass der ewige Frieden in Verbindung stehen soll mit einem höheren religiösen Leben. Dämmerte hier schon eine Ahnung, dass Religion und der Friede in der Welt eng miteinander verflochten sein könnten?

Dennoch muss kritisch angemerkt werden: Friedensideen dieser Art waren Spekulationen, Gedankengebilde, Träume. Ihnen fehlten der echte Wille und die Kraft, die Träume in die Tat umzusetzen. Die praktische Vernunft wurde förmlich übersprungen. Auch Kants praktische Vorschläge verfingen sich letztlich im Utopischen mit der Forderung, alle Staaten der Welt - dann wohl auch die Asiens und Afrikas - sollten als Vorbedingung des Friedens republikanische Verfassungen etablieren - gesetzt man versteht unter ‚republikanisch' nicht nur ‚nicht-monarchisch', sondern im ursprünglichen Sinne Ciceros ‚res publica - res populi', als repräsentative Verfassung, heute repräsentative Demokratie genannt. Die praktische Politik aber neigte seit dem Dreißigjährigen Krieg immer stärker zu machtpolitischem Besitzdenken, wobei Frieden eher den Rang einer Zwischenkriegszeit bekam. Zugleich eröffnete die fortschreitende Technik neue Möglichkeiten, mit immer neuen, immer wirksameren Waffen die Machtpolitik zu verschärfen und Krieg als Fortsetzung der Politik mit anderen Mitteln zu betrachten, wie es einst Clausewitz formuliert hatte.

Der Friedensgedanke geriet vollends ins Abseits und als Pazifismus ins Unernste. Er wurde erst wieder wirksam nach dem Ende des Ersten Weltkrieges, als man die Bilanz eines vierjährigen massenhaften Mordens vor sich hatte. Jetzt wurde der Völkerbund geschaffen, der wenigstens ein partielles Kriegsverbot enthielt. Der aus der Not der Zeit entsprungene Slogan ‚nie wieder Krieg' aktivierte den Friedensgedanken in der Form, dass das Recht zum Kriegführen dem Einzelstaat entzogen und zur Angelegenheit des Bundes erhoben wurde. Damit sollte zwar kein ‚ewiger Friede' geschaffen werden. Es ging nur um eine Verschiebung der Verantwortlichkeit, die dann allerdings Krieg eher vermeiden konnte, zumal die Mitglieder des Völkerbundes sich zu friedlicher Streitbeilegung verpflichtet hatten. Dass überraschenderweise der amerikanische Senat den Beitritt ablehnte, schwächte den Völkerbund erheblich und machte aus ihm ein Gremium der Siegermächte, in dem Frankreich die dominierende Rolle übernahm.

Immerhin war Frieden jetzt kein ferner Wunschtraum mehr, sondern ein Statut des allgemeinen Völkerrechts. Der Kellogg-Pakt von 1928 vervollständigte das Friedensgebot, indem er den Krieg grundsätzlich ächtete. Jetzt schien der Weg frei für einen dauerhaften Frieden in der Welt.

Doch der Friedensgedanke erlahmte schon bald wieder. Den Mitgliedern fehlte offenbar der rechte Wille, die Organisation zu festigen, ihr „Zähne einzufügen". Die vorgesehene allgemeine Abrüstung konnte nicht durchgeführt werden, weil man sich nicht zu einigen wusste. Sie war nur unmittelbar nach dem Krieg den Deutschen auferlegt worden, was von ihnen als zusätzliche und erbitternde Demütigung verstanden wurde. Die entsprechende nationale Reaktion sollte nicht lange auf sich warten lassen.

So konnten weder der Völkerbund noch der Kriegsächtungspakt den Zweiten Weltkrieg verhindern. Der Völkerbund war damit eigentlich schon gescheitert.

Der Zweite Weltkrieg übertraf wider Erwarten den Ersten an Grausamkeit und an Zahl der Opfer: Fast das Fünffache an Toten und eine dreiviertel Million an Zivilopfern allein in Deutschland war die traurige Bilanz eines mehr als fünfjährigen Abschlachtens.

Nach den Erfahrungen dieses Krieges als eines schrecklichen Irrweges und dumpfer Besessenheit griff man wieder auf die Idee eines Völkerbundes zurück, aber jetzt umfassender, konsequenter, energischer: Die Satzungen der Vereinten Nationen von 1945 haben das Prinzip der Kriegsächtung des Kellogg-Paktes übernommen, jetzt aber entschiedener und eindeutiger: Androhung und Anwendung von Gewalt werden generell verboten. Der gesuchte Frieden war jetzt als Weltfrieden konzipiert, nicht als Traum für eine ferne Zukunft, sondern als bewusste und ernsthafte Umkehr aus der Engstirnigkeit einer verhängnisvollen Machtpolitik. Diesen Weltfrieden rechtlich und politisch organisieren zu können, ließ bei den Schöpfern der Vereinten Nationen - trotz aller Schwierigkeiten mit der Sowjetunion - keinen Zweifel mehr aufkommen, anders als beim Völkerbund: Sie waren jetzt „fest entschlossen", wie es in der Präambel heißt, ihre Ziele zum Erfolg zu führen. Und man war überzeugt, die Mitglieder würden „nach Treu und Glauben" ihre Verpflichtungen erfüllen. Man sprach dabei längst nicht mehr von einem ‚ewigen Frieden' in einer unabsehbaren Zukunft, sondern von der Gegenwart und unmittelbaren Zukunft, um dann eben auch „künftige Geschlechter vor der Geißel des Krieges zu bewahren".

Aber auch solche hehren Absichten konnten nicht unmittelbar in die Realität umgesetzt werden. Der heiße Zweite Weltkrieg fand eine Fortsetzung im Kalten Krieg, der fortan die Weltpolitik beherrschte. Man sah sich im Westen bedroht durch sowjetische Rüstungen und installierte eine Gegenrüstung, die so weit ging, dass man mit totaler Vernichtung abzuschrecken für unumgänglich hielt. Dieser Kalte Krieg schürte wiederum lokale Kriege. Der Respekt vor der Atombombe ließ den Krieg nur bei kleiner Flamme lodern. Immerhin forderten Kriege in den vierzig Jahren des Kalten Krieges zwischen 1950 und 1990 eben so viele Opfer wie der Zweite Weltkrieg – 50 Millionen. Und nach dem Ende der nicht immer ganz kalten Konfrontationen - so der Indochinakrieg, die israelisch-arabischen Kriege, der Koreakrieg, der Vietnamkrieg, der Afghanistankrieg - flammte erneut eine Phase lokaler Kriege auf, ob in Südostasien, Afrika oder auf dem Balkan in Europa.

Wahrlich, die Menschheit tut sich schwer mit dem allseits ersehnten Frieden!

Der tief verwurzelte und über Jahrtausende hinweg ausgeprägte Hang zum Krieg, der sich immer wieder über alle bisher errichteten Hemmschwellen hinwegsetzte, muss auf seine inner-psychischen Quellen hin analysiert, durchschaut und schließlich überwunden werden. Der Ansatz von Kapitel VII muss weitergeführt werden.

Wenn es bei Augustin heißt, dass niemand keinen Frieden will, sondern jeder, der Krieg führt, auf einen Frieden hin zielt, der seinen Wünschen entspricht, so ist damit schon einmal eine Lanze für den Frieden gebrochen. Nur sind eben die Friedensziele so unendlich subjektiv und beliebig, dass eher Krieg herrscht und kein allgemeiner Frieden gefunden werden kann. Erst, wenn die subjektiven Friedensziele auf ein verbindliches Ziel gelenkt werden könnten, hätte die Welt ihren Frieden gefunden. Der Weltgemeinschaft müsste es gelingen, die Friedensziele zu koordinieren unter dem Leitbegriff der allgemeinen Interessen der Weltgemeinschaft, die selbstverständlich denen der einzelnen Mitglieder gerecht werden müssten. Das klingt nach einer Quadratur des Kreises - und ist ganz sicher ein schwieriger Balance-Akt. Die einzelstaatlichen Interessen mit denen der Weltgemeinschaft zu koordinieren, eine internationale Integration zu etablieren, ist die große Zukunftsaufgabe, die schon jetzt in Angriff genommen werden kann und muss. Jeder Einzelstaat muss in sich die Bereitschaft entwickeln, sich in die Gesamtheit der Staaten zu integrieren, wohl auch ein Stück an Souveränität aufzugeben, die eher der bloßen Willkür und eitlem Prestige-Denken diente. Ein tief greifender Gesinnungswandel ist vonnöten, wenn die Staatenwelt nicht in ein Chaos und in die Selbstzerstörung taumeln will. Die vorhandenen Massenvernichtungswaffen zwingen zu einer tief innerlichen Umkehr. In diesem Rahmen sind die Religionen gefordert, die Weltreligionen, die heute noch existieren und auch schon fast unbemerkt zu neuem Aufbruch ansetzen, aber anderseits auch noch in einem Jahrhundertschlaf dahindämmern.

Damit schließt sich der Kreis, und es gilt, was oben schon gesagt wurde: Kein Friede unter den Nationen, ohne Frieden unter den Religionen, ohne Dialog zwischen ihnen und ohne Grundlagenforschung.

Literatur

Augustinus, Aurelius	De civitate Dei, libri XXII, Hippo (Nordafrika), 426 p.Chr.n., Hrsg. in C.C. series Latina, Turnhout 1955.
Berber, Friedrich	Lehrbuch des Völkerrechts 3 Bde., München 1975
Brunner, Otto	Das konfessionelle Zeitalter, in: Deutsche Geschichte, hrsg. von Peter Rassow, Stuttgart 1953
Brück, M./Whalen, L.	Buddhismus und Christentum, München 1997.
Camus, Albert	Der Mythos von Sisyphus. Ein Versuch über das Absurde. Rowohlt TB.,Hamburg 1974.
Cancik, Hubert	Militia perennis; München 1995.
Capelle, Wilhelm	Die Vorsokratiker; Stuttgart, 4.Aufl 1953
Conze, Edward	Der Buddhismus; dt. Stuttgart, 4.Aufl.1953.
Crescenzo, Luciano	Geschichte der griech. Philosophie; dt. Zürich 1988.
Dollinger, Hans	Schwarzbuch der Geschichte. 5000 Jahre der Mensch des Menschen Feind; Köln 2002.
Franz, v., Marie Luise	C.G. Jung, Leben, Werk, Visionen; TB (Taschenbuch). Krummwisch (b. Kiel), 2001.
Freud, Sigmund	Die Zukunft der Illusionen; Leipzig 1927.
Friedrich, Jörg	Der Brand. Deutschland im Bombenkrieg 1940-1945. München 2002
Garibaldi, Luciano	Das Jahrhundert der Kriege; Köln 2001
Grotius, Hugo	De iure belli ac pacis libri tres; Paris 1625; dt. W. Schätzel.
Guardini, Romano	Christliches Bewusstsein. Versuch über Pascal. TB München 1962.

Hegel, G.W.Friedr.	Grundlinien der Philosophie des Rechts, Berlin 1821; hrsg. von Johannes Hoffmeister, 4.Aufl. 1962.
ders.,	Die Vernunft in der Geschichte, 5.Aufl.hrsg. v. Joh. Hoffmeister 1963.
ders.	Wissenschaft der Logik, 2 Bde., hrsg. v. Georg Lasson 1963.
ders.	Vorlesungen über die Philosophie der Religion; 2Bde., hrsg. von G. Lasson, Hamburg 1966.
ders.	Enzyklopädie der philosophischen Wissenschaften, Berlin 1830. Hrsg. F.Nicolin und O. Pöggeler, 6.Aufl. 1959.
Heinze, Richard	Ursachen der Größe Roms 1921; 2. Aufl. Stuttgart 1960.
Hoffmann-Loerzer	G Grotius, in: Klassiker des politischen Denkens, 2 Bde., hrsg. v. Hans Maier u. a., 4.Aufl. München 1972
Hubatsch, Walther	Das Zeitalter des Absolutismus 1600 1789. Braunschweig 1962.
Jaeggi, Eva, u.a.	Gibt es auch Wahnsinn, hat es doch Methoden. Einf. in die klinische Psychologie. München 1990.
Jaspers, Karl	Vom Ursprung und Ziel der Geschichte; 6.Aufl. Frankfurt 1959.
Jessipow/ Gontscharow	Pädagogik; dt. Ost-Berlin 1948.
Jung, C.G.	Archetypen, dtv. München 2001
ders.	Antwort auf Hiob, dtv. München 2001
ders.	Die Dynamik des Unbewussten. Düsseldorf, 2.Aufl. 2001

ders.	Grundwerk, 9 Bde., hrsg. v. Helmut Barz u.a., Olten 1984 ff
Kant, Immanuel	Zum ewigen Frieden, 1795, hrsg. von Th. Valentiner; Reclam, Stuttgart 1976.
Keegan, John	Die Kultur des Krieges, dt. Berlin 1995.
Kerenyi, Karl	Die Religion der Griechen und Römer, dt. München 1963.
Kimminich, Otto	Völkerrecht im Atomzeitalter. Der Atomsperrvertrag und seine Folgen. Freiburg 1969.
ders.	Einführung in das Völkerrecht. Pullach b. München, 1975.
Klingner, Friedrich	Zur Zweitausendjahrfeier 1943; in: Römische Geisteswelt, München 1956.
Koch, Traugott	Differenz und Versöhnung. Gütersloh 1967.
Küng, Hans	Erklärung zum Weltethos. Die Deklaration des Parlaments der Weltreligionen; hrsg.v. Hans Küng und Karl-Josef Kuschel. München 1993.
ders.	Der Islam. Geschichte, Gegenwart, Zukunft. München 2004.
ders	Projekt Weltethos. München 1990.
ders.	Theologie im Aufbruch. Eine ökumenische Grundlegung. München 1987.
Livius, Titus	Rerum Romanorum ab urbe condita libri.
Malia, Martin	Vollstreckter Wahn. Russland 1917-1991; dt. Stuttgart 1994.
Marx, Karl	Kritik der Hegelschen Rechtsphilosophie.
Näf, Werner	Die Epochen der neueren Geschichte; Aargau/ Schweiz, 1959
Nestle, Wilhelm	Griechische Geistesgeschichte; Stuttgart 1944.

Nietzsche, Friedr.	Kritische Studienausgabe von G.Colli und M.Montinari, dtv München 1988.
Ohlig, Karl-Heinz	Religion in der Geschichte der Menschheit. Die Entwicklung Des religiösen Bewusstseins; Darmstadt 2002.
Petzelt, Alfred	Grundzüge systematischer Pädagogik; Stuttgart 1947.
Richter, Liselotte	Camus und die Philosophen, in: Albert Camus, Der Mythos von Sisyphus. Ein Versuch über das Absurde; 17.Aufl.,Hamburg 1974.
Ritter, Joachim	Hrsg. des historischen Wörterbuches der Philosophie unter Mitwirkung von mehr als 7oo Fachgelehrten; Darmstadt 1971 bis 2004.
Stietencron, Heinrich	Töten im Krieg; München 1995
Schlüter, Hilmar W.	Diplomatie der Versöhnung. Die Vereinten Nationen und Die Wahrung des Weltfriedens; Stuttgart 1966.
Sunzi, Wu	Die Kunst des Krieges; Wu (China) um 500 v.Chr.; neu hrsg von James Clavell; aus dem Amerikanischen dt. von Jürgen Langowski, München 1988.
Suzuki, Daisetz W.	Die große Befreiung. Einführung in den Zen-Buddhismus; München, 10.Aufl. München 1983
Taeger, Fritz	Das Altertum. Geschichte und Gestalt der Mittelmeerwelt; Stuttgart, 6. Aufl. 1958.
Tibi, Bassam	Die neue Weltunordnung. Westliche Dominanz und islamischer Fundamentalismus; dt. München 3. Aufl. 2001.
Verdross, Alfred	Quellen des universellen Völkerrechts; Freiburg 1973.

Vergilius, P.Maro	Opera (Aeneis); hrsg. von Friedrich A. Hirtzel, Oxford 1955.
Volger, Helmut	Geschichte der VN; München 1995.
Wolf, Erik,	Große Rechtsdenker der deutschen Geistesgeschichte; 4. Aufl. 1963.

Inhaltsverzeichnis

Vorwort		5
I.	Das kriegerischste Volk der Weltgeschichte	9
II.	Warum überhaupt führen Menschen Krieg?	15
III.	Der Frieden – in erster Linie ein Rechtsproblem	25
IV.	Was hat Religion als ihr Eigenes zu bieten?	33
V.	Differenz und Versöhnung	51
VI.	Verteidigung als Wehr-Macht	65
VII.	Krieg als Wahn	79
VIII.	Zum Ewigen Frieden	115
Literatur		121

www.ingramcontent.com/pod-product-compliance
Lightning Source LLC
Chambersburg PA
CBHW030829230426
43667CB00008B/1438